新时代中国特色社会主义发展战略研究丛书

新成效

中国特色社会主义经济发展战略

王一新　龙强　虞晓庆 ◎ 著

人民日报出版社

北 京

图书在版编目（CIP）数据

新成效：中国特色社会主义经济发展战略 / 王一新，龙强，虞晓庆著 . -- 北京：人民日报出版社，2024.3

ISBN 978-7-5115-8104-4

Ⅰ . ①新… Ⅱ . ①王… ②龙… ③虞… Ⅲ . ①社会主义经济－经济发展－研究－中国 Ⅳ . ① F120.2

中国国家版本馆 CIP 数据核字（2023）第 232788 号

书 名：新成效：中国特色社会主义经济发展战略
XINCHENGXIAO: ZHONGGUO TESE SHEHUIZHUYI JINGJIFAZHAN ZHANLUE
作 者：王一新 龙 强 虞晓庆

出 版 人：刘华新
责任编辑：葛 倩
版式设计：九章文化

出版发行：人民日报出版社
社 址：北京金台西路 2 号
邮政编码：100733
发行热线：(010) 65369527 65369512 65369509
邮购热线：(010) 65369530 65363527
编辑热线：(010) 65363486
网 址：www.peopledailypress.com
经 销：新华书店
印 刷：北京博海升彩色印刷有限公司
法律顾问：北京科宇律师事务所 010-83622312

开 本：710mm×1000mm 1/16
字 数：202 千字
印 张：14
版 次：2024 年 6 月第 1 版 2024 年 6 月第 1 次印刷

书 号：ISBN 978-7-5115-8104-4
定 价：49.00 元

编写委员会

主　任：郭海军
副主任：颜　旭　高　宁
委　员：孙　岩　王一新　陈中奎　唐梓翔　李晓阳　苏　玉
　　　　张光山　龙　强　虞晓庆　毛顺宇　申　宇

序　言

　　战略问题是一个政党、一个国家的根本性问题。党的十八大以来，面对国内外环境的深刻复杂变化，党中央对关系国家发展全局和长远的重大理论和实践问题进行深邃思考和科学判断，提出一系列重大战略思想、作出一系列重大战略部署、采取一系列重大战略举措，为新时代党和国家事业发展进一步指明了前进方向。新时代新征程，科学谋划和正确实施中国特色社会主义发展战略，对于坚持和发展中国特色社会主义，全面建设社会主义现代化国家、全面推进中华民族伟大复兴，具有决定性意义。

　　战略决定成败。习近平总书记指出："战略上判断得准确，战略上谋划得科学，战略上赢得主动，党和人民事业就大有希望。"① 战略是筹划和指导全局的方略，关系到国家的安危、民族的兴衰、执政的成败。国家战略科学、正确，就能引领国家走向繁荣和昌盛；国家战略错误，将可能导致国家衰落，甚至灭亡。国家战略作为总体战略，筹划与运用国家总体力量，谋求国家的生存、安全和发展，制约和指导国家生活的所有领域。在由各种战略组成的体系中，国家战略处于最高层次，位于核心地位，发挥着主导作用。它不仅立足国家现实，而且关系国家未来；不仅具有宏观指导、整体协调作用，而且具有战略

---

① 中共中央文献研究室：《十八大以来重要文献选编》（中），中央文献出版社 2016 年版，第 45—46 页。

预置、前瞻布局的功能。国家战略这种特殊重要地位，决定了它对国家的兴衰必然产生直接、重大和深远的影响。因而，任何国家都要制定和实施顺应历史发展潮流，符合本国原则和力量条件，有助于实现国家利益的国家战略。

当今世界，和平与发展仍然是时代的主题，和平、发展、合作、共赢的历史潮流不可阻挡。但是，世界百年未有之大变局加速演进，大国关系进入全方位角力新阶段，世界进入新的动荡变革期。对一个国家而言，在一个安全与发展都存在激烈竞争态势的国际环境中，维护自身安全、谋求长远发展是其核心利益所在。因而，国家安全战略、国家发展战略是国家战略的两个基本方面。

发展和安全是一体之两翼、驱动之双轮。安全保证是实现国家发展的重要前提，没有安全的环境，发展常常会被干扰或打断，很难实现长远的发展；但从长远的角度看，落后就要挨打，要解决国家安全问题，必须依靠国家实力的发展，国家安全利益的真正实现有赖于国家发展利益的真正实现。因此，邓小平指出，"中国解决所有问题的关键是要靠自己的发展"，"中国能不能顶住霸权主义、强权政治的压力，坚持我们的社会主义制度，关键就看能不能争得较快的增长速度，实现我们的发展战略"①。

发展是党执政兴国的第一要务，是解决我国一切问题的基础和关键。国家发展战略是对一个国家整体发展的统筹、谋划、抉择与决策，具有以下基本特征：一是政治性。列宁说："政治就是参与国家事务，给国家定方向，确定国家活动的形式、任务和内容。"② 国家发展战略是国家发展的政治目标和施政纲领，是治国理政的理论指导和大政方针。二是统领性。国家发展战略是国家总体战略，是对国家全面发展、长远发展的重大问题和领域进行全局性、统领性的筹划、谋略和抉择，而不是对某项具体工作或个别事项的部署和处置，不能以某方面某领域的发展战略取代国家发展战略。三是统筹性。国家发展战略涉及改革发展稳定、内政外交国防、治党治国治军，是一个具有高

---

① 《邓小平文选》第三卷，人民出版社 1993 年版，第 265、356 页。

② 《列宁全集》第 31 卷，人民出版社 1985 年版，第 128 页。

度综合性、关联性的整体，必须统筹兼顾，做到总揽全局、科学筹划，全面推进、重点突破，兼顾各方、综合平衡。四是稳定性。国家发展战略的既定利益目标，关系到国家、民族的生存与发展，不能因形势的变化而轻易改变，在涉及核心利益、根本利益的问题上通常不能让步，前进的目标不能丢失。但通向这个目标的道路如何走、怎样走更加有利，则可以依现实情况做出选择。因而，国家发展战略具有较强的刚性，在一定时期内保持相对稳定。

新时代需要新战略，新战略引领新发展。党的十八大以来，以习近平同志为核心的党中央对国家发展作出了一系列战略部署，形成了新时代中国特色社会主义发展战略。这一国家发展战略坚持以习近平新时代中国特色社会主义思想为科学指导，立足中华民族伟大复兴战略全局和世界百年未有之大变局，以中国式现代化全面推进中华民族伟大复兴为统揽，坚持党的全面领导、坚持以人民为中心、坚持新发展理念、坚持深化改革开放、坚持系统观念，统筹推进经济建设、政治建设、文化建设、社会建设、生态文明建设"五位一体"总体布局，协调推进全面建设社会主义现代化国家、全面深化改革、全面依法治国、全面从严治党"四个全面"战略布局，坚定不移贯彻创新、协调、绿色、开放、共享的新发展理念，以推动高质量发展为主题，以改革创新为根本动力，以满足人民日益增长的美好生活需要为根本目的，加快构建以国内大循环为主体、国内国际双循环相互促进的新发展格局，推进国家治理体系和治理能力现代化，实现经济行稳致远、社会安定和谐、人民安居乐业、国家繁荣富强，努力到21世纪中叶把我国建设成为综合国力和国际影响力领先的社会主义现代化强国。这一国家发展战略具有以下鲜明特征：

一是目标明确。党的十八大以来，党中央紧紧围绕"两个一百年"奋斗目标展开战略部署。党的十八大部署实施的重大战略重点以全面建成小康社会为引领；党的十九大作出从全面建成小康社会到基本实现社会主义现代化、再到全面建成社会主义现代化强国的战略安排；党的二十大报告明确提出，从现在起，中国共产党的中心任务就是团结带领全国各族人民全面建成社会主义现代化强国、实现第二个百年奋斗目标，以中国式现代化全面推进中华民族伟大复兴。

二是步骤清晰。在党的十三大"三步走"战略和党的十五大"新三步走"战略的基础上，党的十八大提出到 2020 年实现全面建成小康社会宏伟目标，党的十九大提出新时代"两步走"战略安排。党的二十大进一步明确提出，全面建成社会主义现代化强国，总的战略安排是分两步走：从 2020 年到 2035 年基本实现社会主义现代化；从 2035 年到本世纪中叶把我国建成富强民主文明和谐美丽的社会主义现代化强国。这些战略安排，清晰擘画了从全面小康到建设社会主义现代化强国的总体设计、阶段任务和战略路径。

三是统揽全局。党的十八大以来，党中央统筹推进"五位一体"总体布局、协调推进"四个全面"战略布局。习近平总书记指出："'五位一体'和'四个全面'相互促进、统筹联动，要协调贯彻好，在推动经济发展的基础上，建设社会主义市场经济、民主政治、先进文化、生态文明、和谐社会，协同推进人民富裕、国家强盛、中国美丽。"[①]"五位一体"总体布局和"四个全面"战略布局相互促进、统筹联动，覆盖内政外交国防、治党治国治军等各领域各方面各环节，二者统一于坚持和发展中国特色社会主义的宏伟蓝图，统一于国家由大向强发展关键阶段的历史进程，统一于党中央治国理政的战略设计。

四是系统部署。党的十八大以来，党中央在各领域各行业重点部署实施了几十项战略，形成了一体化国家发展战略体系，即以中国式现代化战略为总领，围绕科教兴国、人才强国、创新驱动发展、扩大内需、乡村全面振兴、新型城镇化、区域协调发展、主体功能区、可持续发展、开放、就业优先、健康中国、人口发展、国家安全、文化强国等部署多个方面基础性引领性战略，以重点领域和重点区域发展战略形成多维度支撑，以关键环节战略着力推动重点领域和重点区域发展实现战略突破，构建形成统一衔接、层次清晰、关联紧密、支撑有力的战略体系。这一战略体系紧紧围绕经济社会发展中的重大关系、主要矛盾、重点领域、关键问题和核心环节，通过一系列面、块、线、点相结合的战略部署，形成定位清晰、功能互补、逻辑统一的战略推进"施

---

① 习近平：《在庆祝中国共产党成立 95 周年大会上的讲话》，人民出版社 2016 年版，第 15 页。

工图"。

蓝图已经绘就,使命催人奋进。2023年2月7日,习近平总书记在学习贯彻习近平新时代中国特色社会主义思想和党的二十大精神研讨班开班式上发表重要讲话时强调,推进中国式现代化要"增强战略的前瞻性,准确把握事物发展的必然趋势,敏锐洞悉前进道路上可能出现的机遇和挑战,以科学的战略预见未来、引领未来。增强战略的全局性,谋划战略目标、制定战略举措、作出战略部署,都要着眼于解决事关党和国家事业兴衰成败、牵一发而动全身的重大问题。增强战略的稳定性,战略一经形成,就要长期坚持、一抓到底、善作善成,不要随意改变"①。这一重要论述为我们深刻理解国家发展战略的本质要求指明了方向,为运用战略思维推进中国式现代化提供了根本遵循。

一要增强战略的前瞻性。战略是管长远、管大势,心中有数、胸中有法才能做到未雨绸缪、从容应对,才能赢得战略主动。增强战略的前瞻性,就要深刻认识和把握事物发展变化的规律,站在时代前沿观察思考问题,把谋事和谋势、谋当下和谋未来统一起来,在掌握历史发展大势的主动中确定战略、确立方针、制定政策。特别是,当前我国发展面临新的战略机遇、新的战略任务、新的战略阶段、新的战略要求、新的战略环境,需要应对的风险和挑战、需要解决的矛盾和问题比以往更加错综复杂。这就要求我们增强忧患意识,坚持底线思维,居安思危、未雨绸缪,下好防范化解风险的先手棋,打好主动仗。

二要增强战略的全局性。不谋全局者,不足以谋一域。增强战略的全局性,就要从事物存在的整体性出发,抓住事物的根本性矛盾和全局性问题,立足全局、统筹局部,以根本性矛盾和全局性问题的有效解决,带动推进局部性矛盾和问题的化解,推动事物向更好的方向发展。我国是一个发展中大国,正在经历广泛而深刻的社会变革,推进改革发展、调整利益关系往往牵一发而动全身。这就需要牢固树立全国一盘棋思想,自觉在大局下行动,始终围绕中华民族伟大复兴这一历史主题,着眼于解决事关党和国家事业兴衰成败

---

① 《习近平关于中国式现代化论述摘编》,中央文献出版社2023年版,第231页。

的重大问题，不断推进我国经济社会全面发展和各项事业全面进步。

三要增强战略的稳定性。政贵有恒，治须有常。稳定性是保证战略顺利推进、如期实现的必要条件。增强战略的稳定性，就要深刻认识到战略本身不是一时的、一隅的，而是立足长远、着眼全局的，需要持之以恒地贯彻落实。新时代新征程上，我们要锚定全面建成社会主义现代化强国的战略目标，一张蓝图绘到底，一任接着一任干，不为任何风险所惧，不被任何干扰所惑，向着既定的战略目标勇毅前行。无论国际风云如何波谲云诡、国内形势如何复杂严峻，都要保持历史耐心，增强战略定力，坚持稳中求进、循序渐进、持续推进，以中国式现代化全面推进中华民族伟大复兴。

（郭海军　国防大学国家安全学院国家发展战略教研室主任、教授）

目　录

第七章　深刻理解"十四五"规划战略布局

第八章　奋力实现 2035 年远景目标

第 一 章

我国发展环境
面临深刻变化

进入 21 世纪以来，世界进入大发展、大变革、大调整时期，大国之间的战略博弈日益加剧，百年未有之大变局正在加速演进，世界经济、政治、科技和产业、全球治理格局都面临变革。综合国内外形势，我国发展仍处于重要的战略机遇期，所面临的机遇和挑战都有新的变化。认清国内外环境变化，准确把握这个重要战略机遇期，统筹两个大局办好中国事情，对全面建设社会主义现代化国家具有深远意义。

一、当今世界百年未有之大变局正在加速演进

随着新兴市场国家和发展中国家快速发展，世界多极化加速，国际格局日趋均衡。2019 年 6 月，在第二十三届圣彼得堡国际经济论坛全会上，习近平总书记对世界百年未有之大变局的特征作出了三个"前所未有"的高度概括，即新兴市场国家和发展中国家的崛起速度之快前所未有，新一轮科技革命和产业变革带来的新陈代谢和激烈竞争前所未有，全球治理体系与国际形势变化的不适应、不对称前所未有。准确把握百年未有之大变局的深刻内涵，是应对大变局、在大变局之中抓住机遇的前提和基础。

（一）全球环境复杂多变，世界经济下行压力增大

当今世界，在逆全球化沉渣泛起、新冠疫情数次冲击、地缘冲突加剧、多个主要发达经济体经济增长乏力等因素影响下，全球环境的复杂性和不确定性加大，世界经济下行压力增大。

逆全球化沉渣泛起。近年来，逆全球化思潮抬头，单边主义、保护主义明显上升，国际经济秩序和全球化面临着较大冲击。美国提出"美国优先"外交政策，优先考虑美国经济利益，不断以单边主义行动破坏国际秩序；英国

脱欧对全球政治、经济格局造成了巨大冲击；其他经济体面对经济增长乏力、停滞甚至倒退时采取贸易保护主义，试图通过逆全球化行为维护自身的利益和地位。

新冠疫情数次冲击。 2020 年初起，新冠疫情全球肆虐，不仅使餐饮、旅游、航空运输等服务行业遭遇重创，对全球产业链和供应链也带来巨大的冲击。新冠疫情使得国际化的生产和贸易受到重创，制造业面临着产业链供应链循环受阻甚至"断裂"的严峻考验，各种贸易既有跨国争端的困扰，也受到了产业链供应链受阻带来的影响。根据世界银行数据显示，2020 年全球经济增长率为 –3.3%。新冠疫情对经济产生的负面影响无疑增加了全球经济复苏的不确定性。

地缘政治冲突。 自 2022 年 2 月 24 日俄乌冲突爆发以来，军事行动不断造成人员伤亡和实体资本的破坏。随着俄乌冲突不断升级，进一步带来了负面跨境影响，引发国际市场动荡。自以色列 1948 年建国以来，巴勒斯坦和以色列双方之间的战争冲突不断。2023 年随着巴以冲突的持续发酵，持续加剧的地缘政治紧张局势对世界经济构成了巨大的威胁。地缘政治冲突给全球经济带来不确定性，不仅造成全球大宗商品价格大幅波动，而且可能会导致供应链受到影响，国际贸易和合作受阻。

主要发达经济体加快收紧货币政策。 自 2021 年以来，全球通胀上涨速度高于普遍预期。为应对通胀压力，主要发达经济体货币政策转向加快。美联储多次上调联邦基金利率，进入新一轮的加息周期，并从 2022 年 6 月 1 日开始减持国债和抵押贷款支持证券（MBS）规模；欧洲央行宣布 2022 年 7 月开启加息计划；英格兰银行在严峻的通胀压力下也启动加息，并考虑出售部分国债；韩国、加拿大、新西兰等国均不同幅度进行了加息。在这个大背景下，全球融资环境收紧，全球股、债、汇波动明显加剧，经济面临的不确定性加大。国际货币基金组织在 2023 年 10 月发布的《世界经济展望》中指出，全球经济增速的基线预测值将从 2022 年的 3.5% 降至 2023 年的 3.0% 和 2024 年的 2.9%，远低于 3.8% 的历史（2000—2019 年）平均水平。由于货币政策收紧，加之国际大宗商品价格下跌，预计全球通胀率将从 2022 年的 8.7% 稳步降至

2023 年的 6.9% 和 2024 年的 5.8%。总体来看，核心通胀预计将更缓慢地下降，大多数国家的通胀预计要到 2025 年才能回到目标水平。

（二）新兴经济体崛起，世界格局东升西降趋势显现

自工业革命以来，世界经济重心始终在北大西洋两岸，欧美成为全球经济的重要支柱，并主导全球经济发展格局。但是，随着世界百年未有之大变局加速演进，世界格局已然开始发生变革，东升西降的趋势已经显现。

全球经济增长重心由西向东转移。"一战"后随着殖民体系瓦解，广大亚非拉国家摆脱了殖民地和半殖民地的被掠夺奴役状态，实现了政治、经济独立和国家自主发展。进入 21 世纪后，中国、印度、巴西等新兴市场和发展中国家群体性崛起，新兴经济体对世界经济增长的贡献率已超过 50%，世界经济重心开始由西向东转移，世界格局东升西降趋势显现。根据世界银行数据计算，2022 年金砖国家经济总量已占全球近三成；美国、加拿大、欧盟占全球经济的比重从 1990 年的 57.30% 下降至 2020 年的 44.74%；而中国、日本、韩国、印度、东盟的占比从 1990 年的 19.46% 提升至 2020 年的 31.87%。

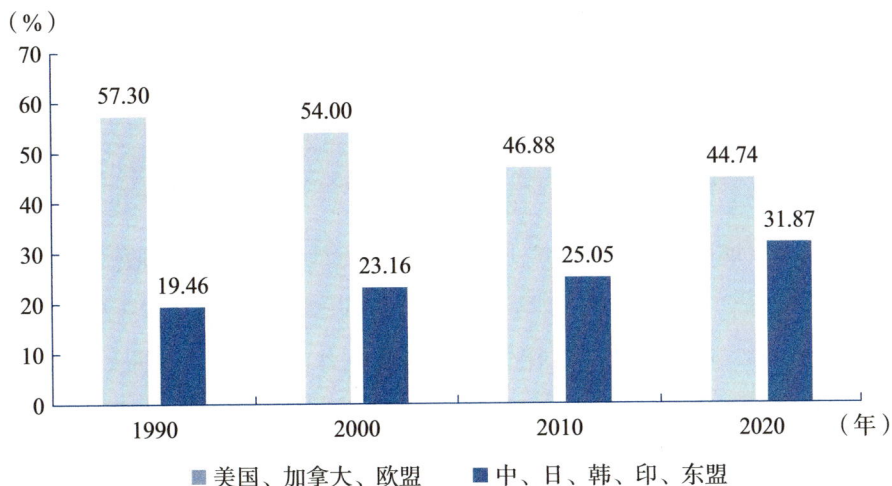

图 1-1　占全球经济比重（现价美元）

数据来源：世界银行

国务院发展研究中心发表的《未来国际经济格局变化和中国战略选择》指出："根据课题组预测，预计到 2035 年，包括新兴经济体在内的发展中国家在世界经济中比重将达到 60%。在全球贸易和跨境投资中的比重也将相应大幅上升。"可见，随着新兴市场和发展中经济体的不断壮大，全球经济增长的重心由西向东、由北向南的转移趋势已不可避免。

全球多极化进程不断推进。第二次世界大战后初期，雅尔塔体系的确立奠定了世界两极格局的框架，两极政治格局初步形成，两大阵营成立。冷战结束后，世界形成"一超多强"格局，美国开始奉行单边主义。与单边主义相对立的是世界多极化。世界走向多极化既是当代世界发展的历史趋势，也是世界绝大多数国家的普遍愿望，这一进程是难以阻止的。从长远看，世界力量消长变化有利于多极化进程，美国单极独霸政策受到国际社会的普遍抵制。欧盟、俄罗斯等都明确主张多极化，对美国单极支配图谋形成共同牵制态势。广大发展中国家和中小发达国家出于维护本国的独立与主权、确保本国应有的国际权益与地位的需要，也主张多极共存。随着多极化不断推进，中国、俄罗斯、欧盟、印度等已成为重要的多极力量。经济格局的变化推动世界政治格局的演化，大国间博弈和战略竞争有所加剧，原有以大国协调为重要支撑的国际政治秩序面临挑战。以美国为代表的西方发达国家和以中国为代表的新兴市场国家、发展中国家之间关系的发展趋势更加平衡。

（三）新一轮科技革命来临，世界科技和产业格局加速演变

从人类发展历程来看，生产力的发展是人类社会不断进步的决定性因素。人类先后经历了三次工业革命：第一次工业革命以蒸汽机、汽船、火车为代表，标志着人类进入蒸汽时代；第二次工业革命以电力、内燃机、飞机、汽车为代表，标志着人类进入电气时代；第三次工业革命以原子能、计算机、互联网、生物克隆技术、航天科技的出现为代表，标志着人类进入信息时代。当前，以人工智能、清洁能源、机器人技术、量子信息技术、可控核聚变、虚拟现实以及生物技术为主的技术革命快速发展，标志着人类社会将迎来第四次工业革命，并进入智能时代。每一轮的工业和科技革命，都会极大地推动社会生产力的发

展，引导生产方式和生活方式发生巨大的改变，促进人民的生活水平大幅提升。

当今人类社会进入一个科技创新空前活跃的时期，新一轮科技革命突飞猛进，新一轮的产业革命正在孕育。合成生物学、基因编辑、脑科学、再生医学等生命科学领域正在孕育新的变革；人工智能、量子信息、物联网、云计算、区块链等新一代信息技术正在加速突破应用；制造业向智能化、服务化、绿色化转型……新一轮的科技革命和产业革命将给社会结构、社会生产方式和生活方式带来翻天覆地的变化。

对于世界各国来说，新一轮的科技革命和产业革命不仅是科技实力的较量，更是以科技为主导的政治、经济、文化等综合实力的较量，是百年未有之大变局的重要推动力量，在塑造世界政治经济格局、改变国家力量对比方面起着至关重要的作用。新一轮科技革命和产业变革深入推进，将推动全球创新版图重构，这为我国转向高质量发展阶段提供了新的重大机遇。

新科技革命和产业革命创造出大量新产业、新业态、新生产方式和新商业模式，一方面为全球经济发展提供强大新动能，另一方面使得各国间科技竞争更为激烈。当前正处于新一轮科技革命和产业变革实现重大突破的历史关口，世界各国应该把握机遇，加强创新合作，推动科技同经济深度融合，加强创新成果共享，努力打破制约知识、技术、人才等创新要素流动的壁垒，促进国家之间、企业之间开展技术交流合作，让创新源泉充分涌流。

国家之争就是实力之争，根本是生产力之争，核心是科技创新能力之争。自工业革命以来，能将科技优势转化为产业优势和军事优势的国家终将成为世界强国。在新一轮的科技革命和产业革命中，中国要实现从经济大国向经济强国的历史性转变，必须在本轮科技革命和产业变革中引领潮流。目前，我国在人工智能、5G 通信、量子计算机、云计算等领域涌现出一批领先的科研成果，未来要继续坚持创新发展战略，不断提升科技水平，引领全球科技、产业发展潮流。

（四）全球化发展不断深入，全球治理格局加速演变

"二战"后，全球主要国家认识到，需要在世界范围内成立一个由主权国

家组成的政府间国际组织，这个组织就是联合国。联合国的宗旨是维护国际和平与安全；发展国际以尊重各国人民平等权利及自决原则为基础的友好关系；进行国际合作，以解决国际经济、社会、文化和人道主义性质的问题，并促进对于全体人类的人权和基本自由的尊重。除了联合国这个规模最大的政府间国际组织之外，还有国际货币基金组织、世界贸易组织、国际劳工组织等涉及某一领域的世界性机构，在全球经济发展历程中，这些国际组织承担着全球治理的责任，在国际各项事务协调中发挥了一定的作用、取得了一定的成绩。

但是，随着经济全球化的不断发展和国际竞争的不断深入，全球治理体系中存在的问题和矛盾也日益凸显。一方面，全球治理的问题不断增加且日趋复杂，特别是在经济、气候、安全等需要更多协调的治理领域，各国之间需要加强合作。另一方面，掌控着全球治理规则制定权、在全球治理机制中占主导地位的西方大国，却不愿意承担更多治理责任，反而强化同其他国家的竞争，阻碍其他国家发展，恶化了推进全球治理的政治环境。

近年来，随着世界格局变化，西方国家在国际治理中不仅未能加强合作，反而呈现"能力不足""意愿缺失"现象。欧美一些国家出现国内治理问题，比如从美国政府"停摆"时间创纪录到英国脱欧，再到法国巴黎"黄背心"运动。面对这些国内治理问题，一些国家试图通过激发民粹主义等向外部世界转移矛盾，通过贸易战、推卸放弃本国国际责任等措施来缓解国内治理危机，对推进全球治理构成巨大挑战。比如在经济领域，美国频频挑起贸易争端，发起贸易保护战；在安全领域，美国单方面退出伊核协议，启动退出《中导条约》，令全球安全形势为之紧绷；在气候治理领域，特朗普政府一度单方面退出《巴黎协定》，使全球气候治理面临新挑战。再叠加上新冠疫情产生的广泛影响，经济全球化遭遇逆流。当然，当今世界的这种激荡变革，对于广大新兴市场国家和发展中国家而言，既充满机遇，也存在挑战。

二、我国发展面临新的战略机遇

党的二十大报告鲜明指出："世界百年未有之大变局加速演进，新一轮科技革命和产业变革深入发展，国际力量对比深刻调整，我国发展面临新的战略机遇。"① 全面建成小康社会、实现第一个百年奋斗目标之后，我国开启全面建设社会主义现代化国家新征程。我国有独特的政治优势、制度优势、发展优势和机遇优势，经济社会发展依然有诸多有利条件，因此要充分把握这个重要战略机遇，向第二个百年奋斗目标进军。

（一）世界和平发展的时代主题仍然没有变

当今世界，地区冲突和局部战争持续不断，恐怖主义依然猖獗，不少国家和地区的民众饱受战火硝烟。我国发展的外部环境日趋复杂，不稳定性、不确定性明显增加。但需要看到，随着新一轮科技革命和产业变革的深入推进，世界和平发展的时代主题仍然没有变。以联合国为主体，包括国际货币基金组织、世界银行、世界贸易组织等机制的全球治理框架，为过去几十年全球和平与发展发挥了重要的作用。正如习近平总书记所指出的："世界正处于大发展大变革大调整时期，和平与发展仍然是时代主题。世界多极化、经济全球化、社会信息化、文化多样化深入发展，全球治理体系和国际秩序变革加速推进，各国相互联系和依存日益加深，国际力量对比更趋平衡，和平发展大势不可逆转。"② 我国的发展得益于世界的和平发展，我国也将持续为世界和平发展作出贡献。

回顾我国历史，尤其是改革开放以来的发展历程，我们就是在世界和平发展的大环境下，抓住机遇，深化改革，扩大开放，全面推动经济社会高速发展，不断开创党和国家事业发展新局面。1985 年 3 月，邓小平明确提出"和平和发展是当代世界的两大问题"的重要论断。1987 年，党的十三大明确了"和平与发展是当今世界的两大主题"这一重要论断，并提出党在社会主义初级阶段的基本路线，为我国发展重要战略机遇期提供了理论准备。在经济全球化不断推进，我国顺利加入 WTO 的新形势下，2002 年党的十六大

---

① 《习近平著作选读》第一卷，人民出版社 2023 年版，第 21 页。
② 《习近平谈治国理政》第三卷，外文出版社 2020 年版，第 45 页。

提出"二十一世纪头二十年，对我国来说，是一个必须紧紧抓住并且可以大有作为的重要战略机遇期"，并且明确提出全面建设小康社会的奋斗目标。2017年党的十九大报告提出"我国发展仍处于重要战略机遇期"的重大论断，并指出我国进入"决胜全面建成小康社会，开启全面建设社会主义现代化国家新征程"。2022年党的二十大报告提出，"我国发展面临新的战略机遇"。

和平与发展是我国战略机遇的重要条件。和平、发展、合作、共赢是当今世界的时代潮流，全球治理体系和国际秩序变革加速推进，世界各国人民命运紧密相连、休戚与共。和平与发展仍是当今时代主题，是各国人民的共同愿望，也是我国发展重要战略机遇期的重要条件。经济全球化虽然遭遇逆流，但经济全球化的趋势不可逆转，世界各国人民求合作、谋发展的共同愿望不会改变。近年来，我国倡导构建人类命运共同体，秉持共同、综合、合作、可持续的新安全观，促进全球治理体系变革，国际影响力、感召力、塑造力进一步提高，国际社会普遍愿与我国共享发展机遇，一道为世界和平与发展作出新的重大贡献。

（二）经济全球化的潮流不可阻挡

随着经济全球化的深入发展，全球化进程中出现了一些问题，但经济全球化的潮流不可阻挡。

逆全球化不得人心。部分发达资本主义国家实施的逆全球化政策，给发展中国家的经济带来了巨大挑战，被世界多数国家人民抵制。经济全球化的发展使得在全球范围内形成一个大生产协作网络，把各类供应商、工程师、工人们集结在一起，这个大生产协作网络使得各国各地区人民从中获益。任何国家如果只是单纯地退出全球化，减少对他国的经济依赖，终归是得不偿失的。

逆全球化沉渣泛起不会改变经济全球化深入发展的趋势，不能因为出现了问题就否定经济全球化。"经济全球化遇到一些回头浪，但世界决不会退回到相互封闭、彼此分割的状态，开放合作仍然是历史潮流，互利共赢依然是人心所向。"[①] 因此，认识到国际金融危机不是经济全球化的必然产物，把金融危机简单地归咎于经济全球化，既与事实不符，也无益于解决问题。世界各国政府应该做的是修正弊端，制定相应的机制，让全球化更加完善，而不是退出全球化。

经济全球化进程并没有停滞。事实证明，经济全球化符合经济发展规律，有助于促进国际分工和世界经济发展，符合各国人民的共同利益，得到世界多数国家的积极推进。

从国际上看，区域经济合作正稳步推进，数字经济发展助推经济全球化。2020 年 11 月 15 日，东盟 10 国和中国、日本、韩国、澳大利亚、新西兰正式签署《区域全面经济伙伴关系协定》（RCEP），全球最大自贸区由此形成。RCEP 更加灵活宽泛，给予发展中国家更多保护，体现了高质量、包容性与普遍受惠的特点，对亚太区域经济合作起到重要推动作用。同时，数字经济的发展助推经济全球化进程。数字数据作为一种经济和战略资源发挥着越来越重要的作用，数字经济在全球各国都展现出其强大的发展韧性和抗冲击能力。随着数字经济的蓬勃发展，跨国投资和国际贸易的合作方式得到了革命性的改变，极大地维护了全球产业链供应链稳定；数字经济还在稳定社会生产和生活方面发挥着关键作用，促进各国利益更加紧密相连。数字经济的发展成为扭转逆全球化的强大力量，数据跨境流动在全球经济中日益重要。

从我国国内看，当前，我国正加快构建以国内大循环为主体、国内国际双循环相互促进的新发展格局：国内大循环是构建国内国际双循环的基础；构建国内国际双循环有利于畅通国内大循环；两者相互促进，缺一不可。我国始终坚持开放发展战略不动摇，积极推动共建"一带一路"倡议。2013 年我国提出共建"一带一路"倡议，建设秉承共商、共享、共建原则，坚持开放合作、和谐包容、市场运作、互利共赢，积极发展与共建国家的经济合作伙伴关系，共同打造政治互信、经济融合、文化包容的利益共同体、命运共同体和责任

---

① 习近平：《论把握新发展阶段、贯彻新发展理念、构建新发展格局》，中央文献出版社 2021 年版，第 436 页。

共同体，实现各国互利共赢、共同发展。共建"一带一路"倡议是我们推动构建人类命运共同体的重要实践平台，共建国家资源禀赋各异，经济互补性较强，建设的潜力和空间巨大。通过共建"一带一路"倡议，加强了和沿线有关国家的沟通磋商，积极推动了在基础设施互联互通、产业投资、资源开发、经贸合作、金融合作、人文交流、生态保护、海上合作等领域的重点合作项目，凝聚了各方共识，规划了合作愿景，扩大了对外开放，加强了同各国的沟通、协商、合作，更好造福了各国人民。这充分表明了中国建设开放发展之路、共同构建人类命运共同体的决心。

经济全球化促进世界经济增长。全球化是顺应时代发展的大潮流，经济全球化是社会生产力发展的客观要求和科技进步的必然结果。以中国为例，自 1978 年以来，中国坚持改革开放，积极融入国际大循环，经济发展水平不断提升，人民生活质量不断提高，经济全球化对我的经济发展有重要作用。随着我国积极参与经济全球化进程，我国的经济实力不断增强。从经济总量来看，改革开放以后，我国经济总量和世界排名不断上升：1986 年，我国国内生产总值首次突破 1 万亿元；1995 年国内生产总值突破 5 万亿元；2000 年国内生产总值突破 10 万亿元；2006 年国内生产总值突破 20 万亿元；2007 年跃居世界第三位；2010 年首超日本，跃居世界第二位，此后一直稳居世界第二位；2012 年国内生产总值突破 50 万亿元；2020 年，我国经济总量突破 100 万亿元，占全球经济比重 17%；2022 年，我国经济总量已经超过 121 万亿元。

（三）新一轮科技革命和产业变革蕴含重大机遇

新一轮的科技革命和产业变革正在向纵深演进，科技创新已成为大变局中的关键力量。习近平总书记指出："各国应该把握新一轮科技革命和产业变革带来的机遇，加强数字经济、人工智能、纳米技术等前沿领域合作，共同打造新技术、新产业、新业态、新模式。"[1]

为我国赶超发达国家提供了机遇。改革开放 40 多年以来，我国充分发挥

---

[1] 《习近平谈治国理政》第三卷，外文出版社 2020 年版，第 201 页。

社会主义制度优势，大力鼓励科技创新活动。在党的正确领导下，我国根据不同阶段的要求，不断完善国家科技发展战略，改革科技体制，成为在国际市场具有影响力的科技创新大国。

我国虽然还未成为科技创新强国，但是在多个领域已经达到较高水平，特别是在 5G 技术、高铁技术、量子通信技术、反卫星武器技术等领域已经处于世界领先水平。我国幅员辽阔，人口众多，市场广阔，在创新要素数量、市场潜在规模、技术应用场景等方面和其他国家相比有一定的优势。同时，我国不断完善创新体制，完善核心技术攻坚的新型举国体制，确保在新科技革命和产业变革中占得先机。

为我国高质量发展提供了机遇。当前我国经济已由高速增长阶段转向高质量发展阶段。在新一轮科技革命和产业变革中，合成生物学、基因编辑、脑科学、再生医学等生命科学领域的变革，从长远来看，对人类社会将产生深远影响；新材料、新能源等新技术不断推动制造业向智能化、绿色化转型，有助于提高发展的质量和效益；融合机器人、人工智能、物联网等技术的发展，可以大大提高生产力，提升人民的生活质量。新一轮科技革命和产业变革，为我国高质量发展和更好满足人民对美好生活的向往提供了机遇。

（四）我国不断接近世界舞台中央

随着综合国力和国际地位的不断提升，我国前所未有地走近世界舞台中央，在国际上的影响力越来越大，成为推动世界和平发展的参与者、建设者和引领者。世界银行数据显示，我国 GDP 占世界 GDP 的比重由 1980 年的 1.69% 提升至 2022 年的 17.86%。

当今全球治理格局中暴露出来的各种问题和矛盾使推动全球治理体系变革成为大势所趋。全球治理体系和国际秩序变革加速推进，加强全球治理、完善全球治理体系是各国面临的共同任务。全球治理格局的加速演变，为新兴国家参与全球治理、推动治理体系改革创造了机遇，新兴国家有望成为全球治理体系改革的中坚力量。随着发展中国家的崛起，全球治理的话语权越来越向发展中国家倾斜，全球治理体系越来越向着更加公正合理的方向发展。

（%）

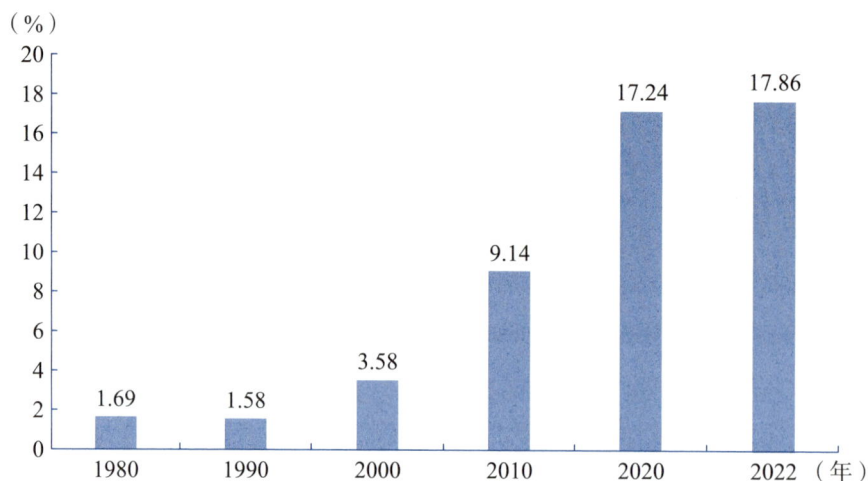

图 1-2　中国 GDP 占世界 GDP 的比重

数据来源：世界银行

　　随着经济全球化的发展，我国逐渐加入全球治理体系的变革。如今我国已经成为世界上第二大经济体，在国际中一直积极承担大国责任，体现大国担当：我国始终坚持独立自主的和平外交政策，积极维护世界和平和稳定；我国提出共建"一带一路"倡议，积极与共建国家共享优质产能、分享改革发展红利，为世界发展提供了新的机遇和动力；我国积极推动全球气候变化治理，作出"碳达峰"和"碳中和"的承诺，"十四五"规划也明确提出加快推动绿色低碳发展。在全球治理体系变革的关键时期，我国在全球治理领域主动作为、敢于担当，努力推动改革全球治理中不公平、不合理的安排，成为牵动国际秩序调整和国际体系变革的重要力量。随着我国的不断壮大和参与国际事务的深入，我国的国际地位正在不断上升，目前仍有进步空间。我国参与全球治理体系变革，可以提升我国的国际话语权，更有效地维护本国的利益，为世界人民谋幸福。

　　全球治理体系变革为我国经济发展提供了新机遇。改革开放以来，中国在政治、经济、文化等各方面都和国际建立了紧密的联系，中国的发展离不开世界，世界的发展也离不开中国。建设和平、稳定、安全的环境，反对霸权主义和强权政治，更有利于世界各国团结，为世界各国发展提供更有利的发展环境；建设更加公正合理、互利互惠、合作共赢的全球治理体系，促进国际关系公平化，有利于构建新型国际关系，可以更好地维护新兴市场国家和发展中国家的共同利益，为我国发展营造更有利的外部环境。若能在此次全球治理体系变革中抓住机遇，推动全球治理体系朝着对我国有利的方向变革，我国经济发展空间会更大，为世界经济发展作出的贡献也会更大。

三、统筹两个大局办好中国事情

党的十九届五中全会深入分析了当前和今后一个时期我国发展环境面临的深刻复杂变化，明确提出"全党要统筹中华民族伟大复兴战略全局和世界百年未有之大变局"。

（一）"两个大局"的深刻内涵

在开启新的伟大征程中，必须统筹中华民族伟大复兴的战略全局和世界百年未有之大变局，深刻认识我国社会主要矛盾变化带来的新特征新要求，深刻认识错综复杂的国际环境带来的新矛盾新挑战。正如习近平总书记强调的："领导干部要胸怀两个大局，一个是中华民族伟大复兴的战略全局，一个是世界百年未有之大变局，这是我们谋划工作的基本出发点。"[1]

中华民族伟大复兴的战略全局

实现中华民族伟大复兴的战略全局是党的基本理论、路线和方针的主线，是全体中国人民的共同追求。所谓战略全局，这是一种整体性的战略思维，就是要从整体和全过程出发来谋略，树立战略思维和全球视野。党的十九届六中全会明确指出，要以中国式现代化道路推进中华民族伟大复兴。中华民族曾经创造辉煌灿烂的中华文明，在很长的历史时期内走在人类文明发展前列。鸦片战争以后，由于西方列强入侵和封建统治腐败，中国逐步成为半殖

---

[1] 《习近平谈治国理政》第三卷，外文出版社 2020 年版，第 77 页。

民地半封建社会，国家蒙辱、人民蒙难、文明蒙尘，中华民族遭受了前所未有的劫难。也是从那时起，实现中华民族伟大复兴成为中国人共同的梦想。这一时期，各种政治力量先后登上历史舞台，试图找到一条实现中华民族伟大复兴的正确道路，但无论是封建改良道路还是资产阶级共和道路，最终都被证明在中国走不通。道路关乎前途和命运，伟大成就的创造离不开对正确道路的成功探索。中国共产党自成立以来，就开始了对中华民族伟大复兴之路的艰辛探索。

我们经过北伐战争、土地革命战争、抗日战争、解放战争，以武装的革命反对武装的反革命，推翻帝国主义、封建主义、官僚资本主义三座大山，建立了人民当家作主的中华人民共和国，实现了民族独立、人民解放。新民主主义革命的胜利，彻底结束了旧中国半殖民地半封建社会的历史，彻底结束了旧中国一盘散沙的局面，彻底废除了列强强加给中国的不平等条约和帝国主义在中国的一切特权，为实现中华民族伟大复兴创造了根本社会条件。

我们进行社会主义革命，消灭在中国延续几千年的封建剥削压迫制度，确立社会主义基本制度，推进社会主义建设，战胜帝国主义、霸权主义的颠覆破坏和武装挑衅，实现了中华民族有史以来最为广泛而深刻的社会变革，实现了一穷二白、人口众多的东方大国大步迈进社会主义社会的伟大飞跃，为实现中华民族伟大复兴奠定了根本政治前提和制度基础。

我们实现新中国成立以来党的历史上具有深远意义的伟大转折，确立党在社会主义初级阶段的基本路线，坚定不移推进改革开放，战胜来自各方面的风险挑战，开创、坚持、捍卫、发展中国特色社会主义，实现了从高度集中的计划经济体制到充满活力的社会主义市场经济体制、从封闭半封闭到全方位开放的历史性转变，实现了从生产力相对落后的状况到经济总量跃居世界第二的历史性突破，实现了人民生活从温饱不足到总体小康、奔向全面小康的历史性跨越，为实现中华民族伟大复兴提供了充满新的活力的体制保证和快速发展的物质条件。

党的十八大以来，中国特色社会主义进入新时代，我们坚持和加强党的全面领导，统筹推进"五位一体"总体布局、协调推进"四个全面"战略布局，坚持和完善中国特色社会主义制度、推进国家治理体系和治理能力现代化，坚持依规治党、形成比较完善的党内法规体系，战胜一系列重大风险挑战，实现第一个百年奋斗目标，明确实现第二个百年奋斗目标的战略安排，党和国家事业取得历史性成就、发生历史性变革，为实现中华民族伟大复兴提供了更为完善的制度保证、更为坚实的物质基础、更为主动的精神力量。

自 1921 年成立以来，中国共产党始终把全心全意为人民服务作为党的根本宗旨。在党的领导下，我们不仅实现了民族独立，还找到了走向现代化、实现中华民族伟大复兴的发展之路。如今，作为世界第二大经济体，中国对世界经济增长的贡献超过 30%，世界的发展离不开中国。中国的发展，为中华民族走向繁荣富强和伟大复兴奠定了坚实的基础。我们比历史上任何时期都更接近中华民族伟大复兴的目标，比历史上任何时期都更有信心、有能力实现这个目标。

世界百年未有之大变局

世界百年未有之大变局，是世界经济、政治、科技等领域发生的历史性、革命性、全局性的变化。大变局给中国发展带来了机遇和挑战，前文已有详细论述，此处不再赘述。

统筹两个大局是总体性全局性的重要战略思维，是科学把握中国和世界发展大势的根本遵循。两个大局是相互联系、相互作用的，中华民族伟大复兴的战略全局是在世界百年未有之大变局的背景下形成的，世界百年未有之大变局包含了中华民族伟大复兴这一重要组成部分。

（二）统筹"两个大局"面临的机遇和挑战

新时代统筹两个大局，牢牢把握重大战略机遇，有效化解各种风险挑战。当前，世界百年未有之大变局加速演进，新一轮科技革命和产业变革深入发展，国际力量对比深刻调整，我国发展面临新的战略机遇。同时，新冠疫情影响深远，逆全球化思潮抬头，单边主义、保护主义明显上升，世界经济复苏乏力，局部冲突和动荡频发，全球性问题加剧，世界进入新的动荡变革期。我国改革发展稳定面临不少深层次矛盾躲不开、绕不过，党的建设特别是党风廉政建设和反腐败斗争面临不少顽固性、多发性问题，来自外部的打压遏制随时可能升级。我国发展进入战略机遇和风险挑战并存、不确定难预料因素增多的时期，各种"黑天鹅""灰犀牛"事件随时可能发生。我们必须增强忧患意识，坚持底线思维，做到居安思危、未雨绸缪，准备经受风高浪急甚至惊涛骇浪的重大考验。因此，要统筹好两个大局，办好中国的事情，善于在危机中育先机、于变局中开新局，抓住机遇，应对挑战，趋利避害，奋勇前进。

改革开放以来，中华民族伟大复兴进程加速，经过全党全军全国各族人民的共同奋斗，我国已经打赢脱贫攻坚战，实现了全面建成小康社会的壮举。进入新的发展阶段，面临的任务、社会主要矛盾等已经发生了变化。新发展阶段，中国共产党的中心任务就是团结带领全国各族人民全面建成社会主义现代化强国、实现第二个百年奋斗目标，以中国式现代化全面推进中华民族伟大复兴；社会主要矛盾已经转化为人民日益增长的美好生活需要和不平衡不充分的发展之间的矛盾；我国经济发展的重心已经由高速增长转向高质量发展，我国正处在转变发展方式、优化经济结构、转换增长动力的关键时期。传统增长模式已经无法适应我国经济发展和社会建设的要求，而依靠结构优化、效率提高、创新驱动发展的新动力，为中国经济增长提供了新的动能。

新时代中国特色社会主义发展取得的重大成就前所未有，但同时我们也要清醒地认识到，我们面临的国内外风险挑战也是明显增多的。立足新发展阶段，我们要充分认识地缘政治冲突不断、国际形势复杂多变、世界经济增长乏力等不利影响，我们所面临的风险挑战涉及政治、经济、科技、社会等多个领域，其复杂性和长期性不言而喻。在当前全球市场下行的外部环境下，我们必须统筹好两个大局，充分发挥国内超大规模市场优势，通过繁荣国内经济、畅通国内大循环为我国经济发展增添动力，推动世界经济复苏，体现我国的大国担当精神。以新发展理念引领新实践，在统筹两个大局中砥砺前行。

但我们同时也要充分把握百年未有之大变局给我国带来的千载难逢的国际参与机会，积极创造"两个大局"的有利态势，主动作为，迎接挑战，准确把握国际形势变化给我国发展带来的新的机遇和挑战，用自身发展的确定性去应对外部环境的不确定性，始终做世界和平的建设者、全球发展的贡献者、国际秩序的维护者。

（三）统筹"两个大局"下的发展与安全

发展是安全的基础与目的，只有高质量的发展，才能保证国家经济社会高水平的安全；安全是发展的条件和保障，只有国家安全、社会稳定，以高水平的安全稳定保障高质量的发展，经济社会才能持续健康发展，才能实现中华民族的伟大复兴。

统筹发展与安全是统筹两个大局的必然要求。从国内看，随着经济的不断发展，人民生活水平不断提高，我们比历史上任何时期都更接近实现中华民族伟大复兴的目标。但是，我国仍然处于社会主义初级阶段，发展的不平衡不充分依然存在，人均 GDP 与发达国家仍有一定差距，发展仍然是解决我国一切问题的基础和关键。从国际看，我国不断接近世界舞台中央，但世界进入新的动荡变革期，面临的不稳定性和不确定性明显增加，全球经济复苏面临着诸多制约因素。因此，统筹中华民族伟大复兴的战略全局和世界百年未有之大变局，必须坚持统筹发展和安全，这是办好中国事情的现实选择。

党的十八大以来，我们党始终坚持以人民为中心的发展思想，强调统筹发展与安全，要求把国家安全贯穿到党和国家工作的各方面全过程。坚持发展与安全并重，既在实现高质量发展中考虑安全因素，通过发展提升国家安全实力；又深入推进国家安全工作，落实总体国家安全观，守住政治安全和社会安全稳定这个根本底线，营造有利于经济社会发展的环境，以高水平安全保障高质量发展。

第 二 章

我国经济发展战略的
历史演进

中国创造的经济发展奇迹备受世界瞩目。本章旨在深入探讨中国经济发展战略的历史演进，通过对不同阶段政策、计划和目标的梳理，揭示中国经济发展战略的演进脉络。我国在不同时期的经济发展战略是从我国的国情出发，遵循社会主义经济规律，坚持中国特色社会主义道路，采取符合我国国情、适合我国发展现状的战略。

一、社会主义工业化发展战略

工业化是现代化的本质特征和主要核心内容，实现工业化是现代化的必然追求和目标。马克思在其著作中就肯定了大工业生产对推动生产力发展和经济社会进步的巨大作用，并认为现代大工业带来的生产社会化是一切社会变迁的经济基础。从历史看，工业化是我国经济社会发展走向现代化的必由之路。

（一）社会主义工业化目标的形成

1949 年 10 月 1 日，新中国成立。长期的战乱和动荡使得国家经济几乎崩溃，国家工业和基础设施严重受损，农村贫困和城市地区失业问题愈加突出，国际贸易也受到了严重影响，经济社会面临着巨大挑战，新中国继承的是一个千疮百孔的烂摊子。到 1952 年，我国工业化的起点，依然是很低的。现代工业产值在工农业总产值中的比重只占 43.1%。1954 年，毛泽东有一段给人印象深刻的描述："现在我们能造什么？能造桌子椅子，能造茶碗茶壶，能种粮食，还能磨成面粉，还能造纸，但是，一辆汽车、一架飞机、一辆坦克、一辆拖拉机都不能造。"[①] 改变我国工业落后的要求显得尤为紧迫，实现国家

---

① 《毛泽东文集》第 6 卷，人民出版社 1999 年版，第 329 页。

工业化是党领导各族人民实现国家独立和富强，使中国能够自立于世界民族之林的必由之路。至于为什么不走资本主义工业化，这条路已经被实践证明过在中国走不通。作为一个经济文化落后的大国，在工人阶级领导的以工农联盟为基础的人民民主专政的条件下，中国实现工业化只能走社会主义道路。在这一背景下，党中央作出了优先发展重工业的决策，要求首先保证重工业和国防工业的基本建设，特别是确保那些对国家起决定作用的、能迅速增加国家工业基础和国防力量的主要工程的完成。

其实，早在党的七届二中全会上，毛泽东就提出了要变落后的农业国为工业国的思想，全会着重讨论了党的工作重心的战略转移，即工作重心从乡村转到城市，以生产建设为中心任务。1953 年，毛泽东在中央政治局会议上正式提出了过渡时期的总路线和总任务，并在同年 12 月形成了关于总路线的完整表述："从中华人民共和国成立，到社会主义改造基本完成，这是一个过渡时期。党在这个过渡时期的总路线和总任务，是要在一个相当长的时期内，逐步实现国家的社会主义工业化，并逐步实现国家对农业、对手工业和对资本主义工商业的社会主义改造。"① 党中央提出在过渡时期的总路线，规划了过渡时期党的奋斗目标，形成了我国国家社会主义工业化的经济发展战略目标。关于社会主义工业化的时间跨度，根据中共中央 1953 年印发的总路线学习和宣传提纲规定，过渡时期总路线中的"相当长的时间内"是从 1953 年算起，大约三个五年计划，即 15 年左右，基本上完成国家工业化和对农业、手工业、资本主义工商业的社会主义改造。1953 年，毛泽东在中国共产党全国代表大会上说："在我们这样一个大国里面，情况是复杂的，国民经济原来又很落后，要建成社会主义社会，并不是轻而易举的事。我们可能经过三个五年计划建成社会主义社会，但要建成为一个强大的高度社会主义工业化的国家，就需要有几十年的艰苦努力，比如说，要有五十年的时间，即本世纪的整个下半世纪。"②

---

① 《建国以来重要文献选编》第 4 册，中央文献出版社 1993 年版，第 548 页。
② 《毛泽东文集》第 6 卷，人民出版社 1999 年版，第 390 页。

在毛泽东看来，三个"五年"计划的目标就是要进行工业化建设，实现社会主义工业化。三个"五年"计划具体来说，第一个五年计划（1953—1957年）的主要任务是集中力量进行工业化建设和加快推进各经济领域的社会主义改造。在工业化建设方面，就是要集中力量进行以苏联帮助中国设计的156个建设项目为中心、由694个大中型建设项目组成的工业建设，建立我国的社会主义工业化的初步基础，对重工业和轻工业进行技术改造；用现代化的生产技术装备农业；生产现代化的武器，加强国防建设；不断增加农业和工业消费品的生产，保证人民生活水平的不断提高。在社会主义改造方面，建立对农业、手工业、私营工商业社会主义改造的基础，并通过三大改造把私有经济纳入计划经济的轨道，支持和保证国家工业化建设。第一个五年计划（1953—1957年）选择了高积累、优先发展重工业的发展模式，其结果就是超额完成了规定的任务并实现了国民经济的快速增长，为我国的工业化奠定了初步的基础。第二个五年计划（1958—1962年）前半期主要是围绕着"大跃进"与人民公社化运动展开，后半期致力于国民经济结构的调整。1958年5月，党的八大二次会议通过"鼓足干劲、力争上游、多快好省地建设社会主义"总路线。会后，"大跃进"在全国范围内从各方面开展起来。这一时期工业增长大起大落，增速减慢。第三个五年计划（1966—1970年）的具体任务是：把国防建设放在第一位，加快三线建设，逐步改变工业布局；发展农业，逐步改善人民生活。强调国防建设，加快三线建设是"三五"计划实施的重要特征。"三五"时期的三线建设取得了令人瞩目的成就，改变了过去的工业布局，内地工业产值的比重上升，但也存在投入巨大和效益偏低等问题。

（二）社会主义工业化的经济成就及理论思考

新中国成立之初，经济基础薄弱，1949年我国居民人均可支配收入仅为49.7元。在社会经济构成中，农业在国民生产总值中占绝对主体，工业和服务业占比都很低。不仅在三产结构上不合理，在空间结构分布上也是严重失衡，工业主要集中在沿海地区的几个大城市，而在内地和边远地区则所见无几。在社会主义工业化经济发展战略目标的推动下，我国推动社会主义工业化进程，生产力水平得到了快速发展。经过了三个五年计划后，我国初步建立比较独立、完整和现代的国民经济体系和工业化体系，人民的生活水平得到了提升，总体上取得了较大发展成就。

一是建成了一批国家急需的基础工业。仅在第一个五年计划期间，全国完成投资总额 550 亿元，新增固定资产 460 亿元，相当于 1952 年底全国固定资产原值的 1.9 倍。五年内施工的工矿建设项目达一万多个，其中大中型项目有 921 个，比计划规定的项目增加 227 个，到 1957 年底，建成全部投入生产的有 428 个，部分投入生产的有 109 个。苏联帮助中国建设的 156 个建设项目，到 1957 年底，有 135 个已施工建设，有 68 个已全部建成和部分建成投入生产。中国过去没有的一些工业，包括飞机、汽车、发电设备、重型机器、新式机床、精密仪表、电解铝、无缝钢管、合金钢、塑料、无线电等，从无到有地建设起来，从而改变了我国工业残缺不全的状况，增加了基础工业实力。

二是工业生产的技术结构和工业布局发生了变化。一方面，工业生产的技术结构发生了根本性改变。一系列大型工业项目的投产，大大提高了国民经济的技术装备水平，提高了现代化产值在工业产值中的比重。另一方面，工业布局也有所改善。经过工业化发展，在内地建立了一大批新型工业企业，大大改变了之前中国生产力布局不合理的局面。

三是国家经济结构发生了积极调整。"一五"期间，社会主义工业在工业总产值中所占比重显著提升，1957 年，全国工农业总产值达到 1387.9 亿元，其中工业总产值达到了 783.9 亿元，工业产值超过了农业产值，成为主导产业。通过三个五年计划，我国基本摆脱了过去以农业经济为主的小农经济结构，朝着建立现代化工业国家迈出了坚实步伐。

总体来说，社会主义工业化经济发展战略是符合当时中国社会发展的客观要求的。"一化三改造"任务，有力推动了我国生产资料私有制转为社会主义公有制，并较快奠定了工业化的基础。但是，这一时期由于追求重工业的发展，客观上不得不把更多人力、物力、财力集中到重工业领域，从而一定程度上忽略了农业、轻工业的发展。社会主义工业化的经济发展战略虽然在实践中出现了一些问题，但依然是指导中国国民经济快速恢复、推动我国现代化进程的重要战略。

二、"四个现代化"发展战略

"四个现代化"是在新中国成立初期，我国社会主义工业化建设过程中，毛泽东、周恩来等中央领导同志总结经验、高瞻远瞩，提出的我国发展的战略目标，是我们党的正确决策和伟大创举。

（一）提出"四个现代化"发展战略的动因

"四个现代化"经济发展战略的提出，基于以下三个方面。

一是理论上进一步厘清了工业化和现代化的关系。新中国成立之初，我国的理论界也通常把"现代化"理解为工业化，或者认为主要方面是工业化。从 20 世纪 40 年代中期开始，出现了电子技术、原子能技术、生物技术等为主要标志的新科技革命，进而引起了工业、农业的革命。到 20 世纪 50 年代后，经济结构发生了变化，即使实现了工业化，按照当时的国际标准，也很难说是达到了现代化。1953 年，党在过渡时期总路线没有涉及现代化的概念。1954 年，毛泽东、周恩来都提出了现代化的概念，但对于现代化的内涵还未充分认知。直到 1959 年，毛泽东在学习了苏联《政治经济学教科书》后提出："建设社会主义，原来要求是工业现代化，农业现代化，科学文化现代化，现在要加上国防现代化。在我们这样的国家，完成社会主义建设是一个艰巨任务，建成社会主义不要讲得过早了。"[①] 这说明，在实现国家的社会主义工业化过程中，我们党进一步厘清了工业化和现代化的关系，把现代化的几个重点方面，作为我国一段时间内的发展目标。

二是总结了苏联等社会主义国家和我国发展实践中的经验教训。在苏联等社会主义国家发展早期，普遍奉行重工轻农的发展理念，尤其重视重工业的发展。我国在社会主义建设初期也大力推动工业发展，在取得一系列成就

---

① 《毛泽东文集》第 8 卷，人民出版社 1999 年版，第 116 页。

的同时也发现了工业和农业发展不平衡带来的问题。因而我们党认识到，实现现代化不能只顾工业化而忽视了农业，因此在发展战略上更加重视农业发展。

三是深刻认识到科学技术对经济社会发展的重要作用。随着"二战"后全球科技水平飞速发展，我们党对世界经济和科学技术发展的认识不断深化，深刻认识到科学技术对发展生产、繁荣经济、巩固国防、复兴文化的重要作用，把实现科学技术现代化作为社会经济发展的战略目标之一。

（二）"四个现代化"发展战略的形成和发展

"四个现代化"战略目标的提出有一个历史过程，并随着工业化实践认识的发展而发展。

一是"四个现代化"战略的初步形成。1954 年，周恩来在第一届全国人大一次会议的政府工作报告中指出："我国的经济原来是很落后的。如果我们不建设起强大的现代化的工业、现代化的农业、现代化的交通运输业和现代化的国防，我们就不能摆脱落后和贫困，我们的革命就不能达到目的。"① 这是周恩来代表党中央第一次提出关于"四个现代化"的构想。1957 年 2 月 27 日，毛泽东在《关于正确处理人民内部矛盾的问题》的讲话中提出要将我国建设成为一个具有现代工业、现代农业、现代科学文化的社会主义国家。1957 年 3 月 12 日，毛泽东在中国共产党全国宣传工作会议上的讲话中进一步强调："我们一定会建设一个具有现代工业、现代农业和现代科学文化的社会主义国家。"②

二是"四个现代化"战略的正式形成。1959 年冬至 1960 年春，毛泽东、刘少奇、周恩来分别组织了读书小组研读苏联《政治经济学教科书》，并结合中国实际总结中国经济建设的经验教训。毛泽东研读《政治经济学教科书》后指出，建设社会主义原来要求是工业现代化、农业现代化、科学文化现代

---

① 《周恩来选集》下卷，人民出版社 1984 年版，第 132 页。
② 《毛泽东文集》第 7 卷，人民出版社 1999 年版，第 268 页。

化、国防现代化。1960 年 2 月中旬，周恩来在读苏联《政治经济学教科书》后，将"科学文化现代化"改称"科学技术现代化"。至此，"四个现代化"发展思想基本形成。

纠正"大跃进"造成的冲击后，经过艰难调整，我国国民经济有了明显好转，中央又重提"四个现代化"。1963 年 1 月 29 日，周恩来在分析了我国当时的具体国情后，在上海科学技术工作会议上完整地表述了"四个现代化"，指出把我们祖国建设成为一个社会主义强国，关键在于实现科学技术的现代化。1964 年 12 月 21 日至 1965 年 1 月 4 日在北京举行的第三届全国人民代表大会第一次会议上，周恩来在《政府工作报告》中正式提出："今后发展国民经济的主要任务，总的来说，就是要在一个不太长的历史时期内，把我国建设成为一个具有现代农业、现代工业、现代国防和现代科学技术的社会主义强国。"①中央还确定分两步走实现现代化的战略构想，即从第三个五年计划开始，第一步，经过三个五年计划时期，建立一个独立的比较完整的工业体系和国民经济体系；第二步，全面实现农业、工业、国防和科学技术的现代化，使中国经济走在世界前列。至此，"四个现代化"的经济战略目标形成。

三是"四个现代化"战略的发展。 1975 年，第四届全国人民代表大会第一次会议的《政府工作报告》中，重新提出了实现"四个现代化"的宏伟纲领，并依此纲领，国务院草拟了国民经济十年规划纲要。随后，1977 年中国共产党第十一次全国代表大会和 1978 年第五届全国人民代表大会第一次会议再次重申了实现"四个现代化"目标，并将其定位为新的历史发展时期的总体任务。1978 年底，中共中央十一届三中全会明确指出社会主义现代化建设为"全党工作的重中之重"，并要求全力以赴、动员积极因素，为逐步实现四个现代化而不懈努力。1982 年 9 月，中国共产党第十二次全国代表大会决定：在新的历史时期，中国共产党的总任务是团结全国各族人民，自力更生，艰苦奋斗，逐步实现工业、农业、国防和科学技术的现代化，把我国建设成为高度文明、高度民主的社会主义国家。

---

① 《周恩来经济文选》，中央文献出版社 1993 年版，第 563 页。

"四个现代化"目标的提出和发展，充分体现了我们党带领中国人民改变贫困落后面貌，建设强大现代化国家，使中华民族立于世界民族之林的决心和追求，对推进我国现代化建设具有重要的意义。

（三）"四个现代化"发展战略的主要内容

一是工业现代化。工业化是现代化的本质和核心，而现代化的初始目标是实现工业化，工业化的实现也为社会主义现代化建设奠定了基础。在工业化发展初期，我国重工业、轻工业、农业的比例失衡，导致农产品、生活产品和工业发展原材料等的短缺。毛泽东在《论十大关系》中深刻阐述了正确处理重工业、轻工业、农业之间的关系，即在优先发展重工业的前提下合理调节农业和轻工业的比例关系，且要多发展农业和轻工业。由工业化到"四个现代化"体现了我们党对现代化认识的不断提升，开始以国家发展战略的宏观视角来看待工业化的发展。

随着工业化水平不断提升，我们党认识到建立完整现代工业体系的重要性。现代工业体系能够提高工业化水平，增强国家的工业基础和产业竞争力。我国人口众多、幅员辽阔，要建设社会主义，就"必须建立自己的完整的工业体系，不然一旦风吹草动，没有任何一个国家能够支援我们完全解决问题"[1]。在擘画第二个五年计划时，周恩来明确阐述了完整工业体系应该囊括的内容："这样的工业体系，能够生产各种主要的机器设备和原材料，基本上满足我国扩大再生产和国民经济技术改造的需要。"[2]

二是农业现代化。农业在整个国民经济中处于基础性地位，农业的发展关系到社会主义现代化建设的方方面面。以毛泽东同志为核心的党的第一代中央领导集体在推进"四个现代化"建设进程中，十分重视农业现代化建设。农业的现代化不仅包括生产力的提高，还包括生产关系的变革。在生产关系方面，毛泽东总结了在民主革命时期互助合作的经验，提出要引导农民走互

---

① 《周恩来选集》下卷，人民出版社 1984 年版，第 232 页。
② 《周恩来选集》下卷，人民出版社 1984 年版，第 225 页。

助合作化道路。毛泽东在《关于正确处理人民内部矛盾的问题》一文中，阐释了农业合作化问题，并提出处理农业合作化过程中矛盾的方针。农业合作社的发展经历了从低级到高级的发展过程，从互助组到高级合作社的这一过程，反映了我们党在实现农业集体化问题上的不断探索。在生产力方面，毛泽东提出"农业的根本出路在于机械化"[①]，积极推进新中国农机事业的发展。除了实现农业机械化以外，毛泽东对农业生产中的水利、化肥、农药的研制与生产等问题也十分重视。农业现代化着眼于提高农村地区的农业生产方式和水平，包括改善农村基础设施、提高农业机械化水平、改进农业管理和技术、提高农产品质量和产量等。

三是国防现代化。国防安全是维护民族独立和国家经济顺利发展的重要保障，国防现代化建设在整个国家现代化建设中占据重要地位。毛泽东结合当时国内外发展状况形成了独具中国特色的国防现代化思想，包括军队现代化、武器装备现代化、军人素质现代化等内容。

军队现代化是国防现代化的核心。军队是国防力量的主体，军队建设是国防建设的重要方面，国防现代化的核心是建设一支强大的现代化的革命军队。毛泽东在新中国成立以后对军队现代化建设十分重视，强调要巩固国防，不允许任何帝国主义再来侵犯我们的国土，同时指出要构建正规的部队，必须实行统一的指挥，拥有统一的制度、编制、纪律、训练，而且要把这些要求贯彻到兵种的训练和协调当中。

武器装备现代化是国防现代化的保障。武器装备的先进与否是影响战争胜负的关键因素，国防的现代化必须有先进的武器装备为保障。毛泽东指出，军队现代化的首要是武器装备的现代化，需要掌握最新的装备和技术。朱德也提出，我们建立了海军、空军和坦克部队、工兵部队、防空部队、铁道兵部队以及大量的炮兵部队，有了这样复杂的军兵种和大量使用复杂的战斗器材，这就是现代化的标志。这一时期，在党的坚强领导下，我国在尖端武器、常规武器方面取得了重大发展成就，武器装备现代化不断

---

① 《毛泽东文集》第 8 卷，人民出版社 1999 年版，第 49 页。

推进。

军人素质现代化是国防现代化的保证。人是国防现代化的主体，军人素质的高低影响着军队战斗力的发挥，只有具备高素质军事人才基础，才能够真正驾驭武器装备。在实际工作中重视军人素质的提升，强调统一训练。在这一时期，我军逐步建成了完整的军队院校体系，为国防现代化培养了大批军事人才。

关于国防现代化和国民经济建设的关系，毛泽东提出国防现代化建设必须服从于经济建设，经济建设又必须与国防建设协调发展，这为国防现代化建设提供了方向和发展道路。此外，毛泽东还提出国防现代化建设要在广泛吸收国外先进经验的基础上坚持独立自主、自力更生的原则，既要提高我国的国防实力，又要维护国防的独立性和不可侵犯性。

四是科学技术现代化。新中国成立后，我们党在实践中逐渐认识到大规模经济建设和科技水平落后的状况不匹配，经济建设需要科学技术的支撑。周恩来出席国际外交活动曾感叹："世界科学在最近二三十年中，有了特别巨大和迅速的进步，这些进步把我们抛在科学发展的后面很远。"[1] 我们党在现代化探索中由"三个现代化"目标到"四个现代化"目标的转变，其中就是增加了科学技术现代化，强调没有科学技术现代化就不可能有整个国民经济的现代化。1963 年，周恩来在上海市科学技术工作会上指出："我国过去的科学基础很差。我们要实现农业现代化、工业现代化、国防现代化和科学技术现代化，把我们祖国建设成为一个社会主义强国，关键在于实现科学技术的现代化。"[2] 这一论断明确了科学技术的关键地位。

实现科学技术现代化是实现"四个现代化"的关键，要利用先进的科学技术水平把工业、农业和国防等各个方面装备起来，使我国在科学技术方面逐步进入世界先进行列。因为科学技术具有强大的渗透性，不仅能够提供新理论和新方法，还能提高生产效率、提高生产技术水平，对社会建设有深远

---

① 《周恩来选集》下卷，人民出版社 1984 年版，第 181 页。

② 《周恩来选集》下卷，人民出版社 1984 年版，第 412 页。

影响。提高科学技术水平，实现科学技术现代化，需要充分发挥知识分子的作用，加快人才培养，提高知识分子的经济和政治待遇。科学技术现代化旨在加强科研和技术创新，提高国家在科技领域的国际竞争力。这包括加大科研投入、推动科技成果的应用、培养高素质的科技人才、促进科技与产业的深度融合等。

（四）"四个现代化"发展战略取得的发展成就

这一时期，我们党立足于建立我国独立、完整的工业体系和国民经济体系，聚焦"四个现代化"发展战略，有计划地推进现代化建设，取得了巨大成就。

一是国民经济得到迅速恢复。新中国成立时，我国现代工业在国民经济中只占 17% 左右，工业部门十分单一，只有采矿业、纺织业和简单加工业，大量工业产品依赖进口。经过长期的努力，我国逐步建立了比较完善的工业体系和国民经济体系。1978 年我国国内生产总值 3679 亿元，比 1949 年的 557 亿元翻了 6 倍多，占世界经济的比重为 1.8%，位居全球第 11 位；1950 年全国财政收入仅 62 亿元，1978 年增加到 1132 亿元。1950—1977 年，工业产量年均增速 13.5%，即使从 1952 年算起，年均增速也在 11.3%。农业综合生产能力也显著提升，新中国成立之初，我国农业生产基础单薄，粮食产量较低。经过发展，农业生产条件发生了显著变化，生产水平有了很大提高。国家统计局数据显示，1978 年，我国粮食总产量 30477 万吨，农林渔业总产值 1397 亿元。相对于生产资料行业优先发展，服务业发展虽然相对缓慢，但也在不断提高。1952 年我国第三产业增加值为 195 亿元，到 1978 年提升至 905 亿元。

二是产业结构不断优化。三大产业在调整中均得到长足发展，农业基础地位不断强化，工业实现快速增长，服务业也不断发展。国家经济发展逐步从以单一产业为主转向依靠三大产业共同带动。1952 年，第一、第二、第三产业增加值占国内生产总值的比重分别为 50.5%、20.8% 和 28.7%。随着工业化建设推进，第二产业比重不断提升。1978 年，第一、第二、第三产业比重分别为 27.7%、47.7% 和 24.6%。

三是科学教育事业得到提升。一方面，科技实力显著增强，重大成果开始涌现。新中国成立之初，我国科技发展水平总体落后，全国科技人员不超过 5 万人，专门科技机构仅有 30 多个。面对国内外严峻形势，20 世纪 50—70 年代，我国自力更生发展科技事业，国防工业和国防科技体系初步建立，取得了"两弹一星"等重大成果，但科技总体水平与发达国家仍有一定差距。另一方面，教育普及程度大幅提高。新中国成立之初，我国教育水平低下，人口文化素质差，学龄儿童入学率只有 20% 左右，全国 80% 以上人口是文盲。在"四个现代化"思想指导下，我国重视发展基础教育。到 1978 年，基本普及小学教育，学龄儿童入学率达到 95.5%；1982 年，文盲率降至 22.8%。

四是就业规模不断扩大。新中国成立之初，由于长期受到战争影响，城镇劳动力多数处于失业状态。1949 年末，全国城乡就业人员 18082 万人，其中城镇就业人员仅有 1533 万人，城镇失业率高达 23.6%，城镇大量劳动力处于失业状态。20 世纪 50—70 年代，通过积极发展经济，我国就业状况逐步改善。1978 年末，我国就业人员达到 40152 万人，其中城镇就业人员 9514 万人。

三、改革开放后"三步走"现代化发展战略

党的十一届三中全会以后，改革开放不断深入，我国的经济发展战略也发生了重大的转变。这一时期，我国形成了"三步走"现代化发展战略。

（一）"三步走"现代化发展战略的形成

党的十一届三中全会召开，标志着我国进入了改革开放和社会主义现代化建设的历史新时期。

1979 年，邓小平在会见英中文化协会代表团时指出，"我们定的目标是本世纪末实现四个现代化。我们的概念与西方不同，我姑且用个新说法，叫作中国式的四个现代化"。这是邓小平最早提出的中国式现代化概念，他还指出：

"中国式的现代化，必须从中国的特点出发。"①邓小平进一步概括了中国现代化建设的两个重要特点：一是底子薄；二是人口多，耕地少。邓小平也思考了关于"中国式的现代化"在20世纪末可能达到什么水平的问题，他强调："我们开了大口，本世纪末实现四个现代化。后来改了个口，叫中国式的现代化，就是把标准放低一点。特别是国民生产总值，按人口平均来说不会很高。"②中国式的现代化必须坚持社会主义的道路，必须从中国的实际特点出发，也就是从当前中国国情出发、从社会主义制度特性出发，不能照搬照抄苏联社会主义模式。提出"中国式现代化"的新概念，是"三步走"现代化发展战略的逻辑起点。

　　1980年1月，邓小平在《目前的形势和任务》讲话中，首次向全党提出了他的设想，中国式的四个现代化要把到20世纪末的20年分上下两个10年来完成。1982年9月，党的十二大报告指出，从1981年到20世纪末的20年，我国经济建设总的奋斗目标是"翻两番"，即从1981年到20世纪末的20年，力争使全国工农业年总产值翻两番，由1980年的7100亿元增加到2000年的28000亿元左右，人民的物质文化生活达到小康水平。为实现这个奋斗目标，在战略部署上要分两步走，前10年主要是打好基础，后10年要进入一个新的经济振兴时期。1984年10月6日，邓小平在会见参加中外经济合作问题讨论会的全体中外代表时，进一步提出，我们第一步是实现翻两番，需要二十年，还有第二步，需要三十年到五十年，恐怕是要五十年，接近发达国家的水平。两步加起来，正好五十年至七十年。这个规划的视野延长到了21世纪中叶，成为后来"三步走"现代化发展战略的先声。1985年，邓小平在中国共产党全国代表会议上指出："现在人们说中国发生了明显的变化。我对一些外宾说，这只是小变化。翻两番，达到小康水平，可以说是中变化。到下世纪中叶，能够接近世界发达国家的水平，那才是大变化。"③这里邓小平

---

① 《邓小平文选》第2卷，人民出版社1994年版，第164页。

② 《邓小平文选》第2卷，人民出版社1994年版，第194页。

③ 中共中央文献研究室：《十二大以来重要文献选编》（中），中央文献出版社，2011年6月第1版，第287页。

用小、中、大"三个变化"描绘了中国经济发展的三个阶段，这与后面的"三步走"的提法已经非常接近了。

1987 年 4 月 30 日，邓小平在会见西班牙政府副首相时，第一次对"三步走"现代化发展目标作了明确、完整的表述："我们原定的目标是，第一步在八十年代翻一番。以一九八〇年为基数，当时国民生产总值人均只有二百五十美元，翻一番，达到五百美元。第二步是到本世纪末，再翻一番，人均达到一千美元。实现这个目标意味着我们进入小康社会，把贫困的中国变成小康的中国。那时国民生产总值超过一万亿美元，虽然人均数还很低，但是国家的力量有很大增加。我们制定的目标更重要的还是第三步，在下世纪用三十年到五十年再翻两番，大体上达到人均四千美元。做到这一步，中国就达到中等发达的水平。"[①]1987 年 10 月，我们党认真分析国内外形势，从我国基本国情出发，科学判断我国仍处于社会主义初级阶段，制定了初级阶段党的基本路线。党的十三大制定三步走现代化发展战略。第一步，实现国民生产总值比 1980 年翻一番，解决人民的温饱问题。第二步，到 20 世纪末，使国民生产总值再增长一倍，人民生活达到小康水平。第三步，到 21 世纪中叶，人均国民生产总值达到中等发达国家水平，人民生活比较富裕，基本实现现代化。自此，"三步走"发展战略形成，并对中国未来几十年的发展产生了深刻影响。

（二）"三步走"现代化发展战略的进一步发展

20 世纪 90 年代，我国经济实现了快速发展，提前完成了"三步走"现代化发展战略的第一、二步。1997 年，党的十五大聚焦"三步走"现代化发展战略的"第三步"进行了具体规划，提出了三个阶段性发展目标：21 世纪第一个 10 年实现国民生产总值比 2000 年翻一番，使人民的小康生活更加宽裕，形成比较完善的社会主义市场经济体制；再经过 10 年的努力，到中国共产党成立 100 年时，使国民经济更加发展，各项制度更加完善；到 21 世纪中叶，

---

① 《邓小平文选》第 3 卷，人民出版社 1993 年版，第 226 页。

新中国成立 100 年时，基本实现现代化，建成富强民主文明的社会主义国家。这一调整，使"三步走"现代化发展战略更加明确、具体。

（三）"三步走"现代化发展战略的现实意义

"三步走"现代化发展战略推动中国经济实现了增长奇迹。1978 年，我国国内生产总值世界排名第 11 位；2010 年，超越日本成为世界第二大经济体，并在此后稳居世界第 2 位。目前，我国经济体量不断提升，对世界经济增长的贡献率长期位居世界第一。

"三步走"现代化发展战略使我国人民的生活水平得到了显著提升，增强了人民的获得感和幸福感。"三步走"现代化发展战略注重人民生活水平的提高，中央出台了一系列措施来提高人民的生活水平。一是人均国民收入（GNI）不断迈上新台阶。据世界银行统计，1962 年，我国人均 GNI 只有 70 美元，到 1978 年也只达到 200 美元。但改革开放以来，人均 GNI 水平大幅提升。2022 年已超过 12000 美元，比 1962 年增长了 170 多倍。二是教育文化、医疗卫生水平显著提升。1970—2016 年，我国高等教育毛入学率[①] 从 0.1% 提高到 48.4%，中等教育毛入学率从 1970 年的 28.0% 提高到 2015 年的 94.3%，均远高于世界平均水平。医疗卫生事业也得到很大发展，预期寿命大幅提升。三是贫困人口大幅减少。按照我国现行农村贫困标准（2010 年价格水平每人每年 2300 元）测算，1978 年我国农村贫困人口为 7.7 亿人，贫困发生率为 97.5%。2018 年年末农村贫困人口 1660 万人，比 1978 年减少 7.5 亿人；贫困发生率 1.7%，比 1978 年下降 95.8 个百分点，平均每年下降 2.4 个百分点。

"三步走"发展战略使中国在国际上的地位得到了提高，增强了中国的国际影响力。随着"三步走"发展战略的实施，中国经济实现了快速的增长，综合国力得到了显著的提升。根据国家统计局统计中心报告，1961—1978 年，中国对世界经济增长的年均贡献率为 1.1%。1979—2012 年，中国对世界经

---

① 高等教育毛入学率（数据来源于世界银行）是用不考虑年龄的接受高等教育的学生人数除以属于官方规定的高等教育年龄组的适龄人口，再乘以 100% 来计算的。

济增长的年均贡献率为 15.9%，仅次于美国，居世界第 2 位。2013—2018 年，中国对世界经济增长的年均贡献率为 28.1%，居世界第 1 位，中国的国际影响力明显增强。中国成为世界贸易组织的成员国之一，积极参与全球经济合作和治理；中国还在联合国、世界银行、国际货币基金组织等国际组织中发挥着越来越重要的作用，为维护世界和平稳定作出重要贡献。

四、新时代"两步走"发展战略

经过党的长期奋斗，"三步走"现代化发展战略中的前两步目标已经提前实现，第三步也即将实现。以习近平同志为核心的党中央作出新时代"两步走"的战略安排。全面建成社会主义现代化强国总的战略安排是分两步走：从 2020 年到 2035 年基本实现社会主义现代化；从 2035 年到本世纪中叶把我国建成富强民主文明和谐美丽的社会主义现代化强国。

（一）新时代"两步走"发展战略的主要内容

党的十九大立足新发展阶段，基于中国特色社会主义进入新时代的定位，明确提出新时代中国特色社会主义发展的战略安排，即从 2020 年到本世纪中叶可以分两个阶段来安排。第一个阶段，从 2020 年到 2035 年，在全面建成小康社会的基础上，再奋斗 15 年，基本实现社会主义现代化。第二个阶段，从 2035 年到本世纪中叶，在基本实现现代化的基础上，再奋斗 15 年，把我国建成富强民主文明和谐美丽的社会主义现代化强国。二十大报告中又进一步明确，到 2035 年，我国发展的总体目标是：经济实力、科技实力、综合国力大幅跃升，人均国内生产总值迈上新的大台阶，达到中等发达国家水平；实现高水平科技自立自强，进入创新型国家前列；建成现代化经济体系，形成新发展格局，基本实现新型工业化、信息化、城镇化、农业现代化；基本实现国家治理体系和治理能力现代化，全过程人民民主制度更加健全，基本建成法治国家、法治政府、法治社会；建成教育强国、科技强国、人才强国、文化强国、体育强国、健康中国，国家文化软实力显著增强；人民生活更加幸福美好，居民人均可支配收入再上新台阶，中等收入群体比重明显提高，基本公共服务实现均等化，农村基本具备现代生活条件，社会保持长期稳定，人的全面发展、全体人民共同富裕取得更为明显的实质性进展；广泛形成绿色生产生活方式，碳排放达峰后稳中有降，生态环境根本好转，美丽中国目标基本实现；国家安全体系和能力全面加强，基本实现国防和军队现代化。

新时代"两步走"发展战略，对我国基本实现社会主义现代化的时间、实现社会主义现代化的目标和要求都有了新的调整和提升。一是调整了基本实现社会主义现代化的时间，基本实现社会主义现代化的时间被提前了15年。二是提升了实现社会主义现代化的目标，第二步提出到本世纪中叶，把我国建成社会主义现代化强国，将"富强民主文明和谐的社会主义现代化国家"提升为"富强民主文明和谐美丽的社会主义现代化强国"。三是对实现社会主义现代化提出了更高要求，在全面建设社会主义现代化国家的第一步目标中，突出强调到 2035 年要使我国各方面制度更加完善、国家治理体系和治理能力现代化基本实现；在第二步目标中强调，到本世纪中叶要实现国家治理体系和治理能力现代化。

（二）我国新时代"两步走"战略安排的重大意义

新时代"两步走"发展战略，立足于中国当前发展实际，并着眼于中国未来发展的态势，完整提出了我国社会主义现代化建设的时间表、路线图，为中国特色社会主义的发展绘制了蓝图。党的十九届六中全会指出，在经济建设上，我国经济发展平衡性、协调性、可持续性明显增强，国家经济实力、科技实力、综合国力跃上新台阶，我国经济迈上更高质量、更有效率、更加公平、更可持续、更为安全的发展之路。

一方面，我国经济总量不断上升。改革开放以来，我国经济取得重大成就，经济发展水平不断提高，经济总量逐年增加。根据国家统计局数据，2022 年我国国内生产总值 121 万亿元，人均国内生产总值 8.6 万元；年末全国常住人口城镇化率达到 65.22%，在 1978 年改革开放初城镇化率仅 17.92%；全年货物进出口贸易总额为 42.1 万亿元。

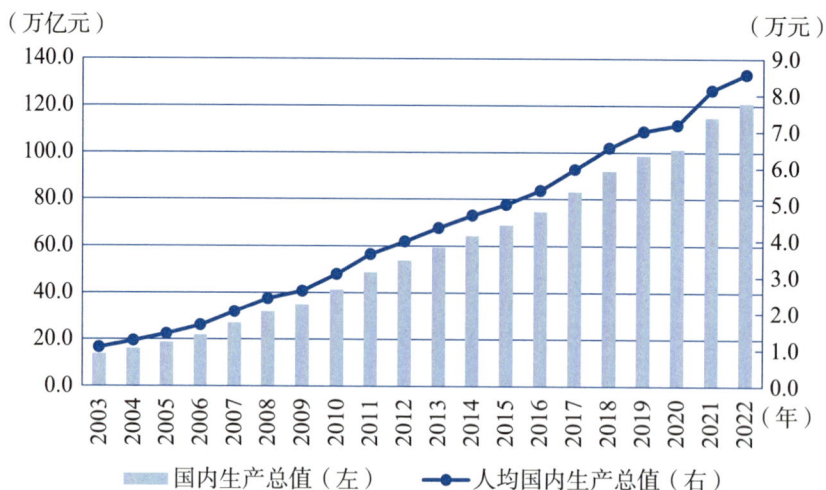

图 2-1　2003—2022 年我国 GDP 和人均 GDP 走势图

数据来源：国家统计局

　　另一方面，我国发展不平衡不充分情况仍然存在。我国社会生产力水平总体上显著提高，社会生产能力在很多方面进入世界前列，但是我们要清醒地认识到，我国发展不平衡不充分的一些突出问题尚未解决。我国仍处于并将长期处于社会主义初级阶段，仍是世界最大发展中国家，主要体现在：经济增长内生动力还不够足；创新能力还不够强，我国还是创新大国，仍需向创新强国迈进；发展质量和效益不够高，部分地区经济下行压力较大；金融等领域风险隐患仍然存在；脱贫攻坚虽然取得全面胜利，但农业基础仍然薄弱；等等。

　　因此，在新发展阶段，必须立足新形势、新任务、新矛盾，擘画新的发展战略。因此，准确把握新时代中国特色社会主义发展的"两步走"战略安排的科学内涵，具有十分重要的现实意义。我们需要准确地把握新时代中国特色社会主义发展战略安排的科学内涵，大力发展我国的社会生产力。

五、把握新发展阶段的历史方位

　　正确认识党和人民事业所处的历史方位和发展阶段，是我们党明确阶段性中心任务、制定路线方针政策的根本依据，也是我们党领导革命、建设、改革不断取得胜利的重要经验。我们党治国理政的一个重要经验，就是在不同时期明确所处历史阶段，科学判断特定历史阶段的社会主要矛盾，并围绕解决社会主要矛盾制定中心任务，明确发展理念、方式。随着"十三五"规划圆满收官、全面建成小康社会目标如期实现，我国发展又站在新的历史起点上，科学认识新起点所处的发展方位是谋划"十四五"乃至更长时期的发展必须明确回答的重大问题。2021 年 8 月，习近平总书记在主持召开经济社会领域专家座谈会时提出，"十四五"时期是我国全面建成小康社会、实现第一个百年奋斗目标之后，乘势而上开启全面建设社会主义现代化国家新征程、向第二个百年奋斗目标进军的第一个五年，我国将进入新发展阶段。党的十九届五中全会进一步明确了这一重大论断。"十四五"时期我国将进入新发展阶段，是以习近平同志为核心的党中央对我国发展新的历史定位，是对"十四五"时期乃至更长时期我国所处历史方位的总概括。深刻把握我国将进入新发展阶段的历史方位，必须科学理解新发展阶段的客观依据、科学内涵、重要特征与重大意义。

我国进入新发展阶段，不是主观判断，而是有坚实的客观依据。新发展阶段是党领导人民长期奋斗实现经济社会发展历史性跨越的结果，是我国社会主义现代化进程长期演进取得阶段性胜利的结果，是我国发展阶段、环境、条件发生重大变化的结果。

就理论依据而言，马克思主义是远大理想和现实目标相结合、历史必然性和发展阶段性相统一的统一论者，坚信人类社会必然走向共产主义，但实现这一崇高目标必然经历若干历史阶段。马克思在《哥达纲领批判》中就指出，共产主义社会本身也存在初级阶段和高级阶段等不同阶段。党的十一届三中全会以后，邓小平在深入总结我国社会主义建设的经验并借鉴其他国家社会主义兴衰成败历史经验的基础上，首次提出我国处于社会主义初级阶段。党的十八大以来，习近平总书记创造性提出新发展阶段是我国社会主义初级阶段中的一个重要阶段，强调社会主义初级阶段不是一个静态、一成不变、停滞不前的阶段，也不是自发、被动、不用费多大气力自然而然就可以跨过的阶段，而是一个动态、积极有为、始终洋溢着蓬勃生机活力的过程，是一个阶梯式递进、不断发展进步、日益接近质的飞跃的量的积累和发展变化的过程。新发展阶段就是全面建设社会主义现代化国家、向第二个百年奋斗目标进军的阶段，这在我国发展进程中具有里程碑意义。

从历史依据来看，新发展阶段是我们党带领人民迎来从站起来、富起来到强起来历史性跨越的新阶段。经历了长时期的经济高速增长，我国经济总量已稳居世界第二。当前，我国经济发展中的矛盾和问题集中体现在推动高质量发展还有许多卡点瓶颈，主要是科技创新能力还不强、供给体系质量还不高、资源要素投入消耗较大、绿色生产生活方式还未完全形成等。同时，全球范围新一轮科技革命和产业变革深入发展，深刻改变全球产业面貌和分工格局。如果创新驱动、节约集约、绿色低碳的高质量发展方式不能尽快形成，发展中的矛盾和问题进一步累积，就可能影响到经济持续健康发展乃至现代化建设顺利推进。新时代新征程上，必须通过高质量发展提高全要素生产率，不断塑造发展新动能新优势，确保经济现代化顺利推进。

就现实依据来讲，我们已经拥有开启新征程、实现新的更高目标的雄厚物质基础。党的二十大报告指出，十年来，我们"采取一系列战略性举措，推进一系列变革性实践，实现一系列突破性进展，取得一系列标志性成果，经受住了来自政治、经济、意识形态、自然界等方面的风险挑战考验，党和国家事业取得历史性成就、发生历史性变革，推动我国迈上全面建设社会主义现代化国家新征程"。新时代以来的十年间，我国全社会研发经费支出从1万亿元增加到2.8万亿元，居世界第2位，科技进步贡献率从52.2%提升到超过60%；全球创新指数排名由2012年的第34位上升到2022年的第11位；国际专利申请数量连续3年位居世界第1位；2022年，最具影响力的159种期刊（涉及178个学科）刊发的论文总数为54002篇。其中，中国发表的论文数为16349篇，占世界总量的30.3%，首次超过美国排在世界第1位；探月工程、火星探测计划、载人航天工程等顺利实施，高性能装备、智能机器人、增材制造、激光制造等技术取得突破；数字经济占国内生产总值比重接近40%；中国对世界经济增长贡献率连续多年保持在30%左右，制造业增加值占全球比重由2012年的22.5%提高到近30%，持续保持世界制造业第一大国地位；货物贸易进出口总额从 2012 年的 24.4 万亿元增加到 2022 年的 42 万亿元，连续 5 年排名全球第一，全球货物贸易第一大国地位进一步巩固。在我们党的带领下，全国人民经过长期的奋斗，将一穷二白的新中国建设成为世界第二大经济体、第一大工业国、第一大货物贸易国、第一大外汇储备国，特别是全面建成小康社会取得伟大历史成果，解决困扰中华民族几千年的绝对贫困问题取得历史性成就。这在我国社会主义现代化建设进程中具有里程碑意义，为我国进入新发展阶段、朝着第二个百年奋斗目标进军奠定了坚实基础。

六、我国经济发展战略的鲜明特征

中国共产党在推动经济发展的历史进程中，在理论、立场、战略、制度等方面积累了一系列丰富的历史经验，形成了中国经济发展战略的鲜明特征。

一是坚持中国共产党的领导。政党是现代政治的产物，也是推动国家现代化进程的重要力量。1840 年以来的历史进程充分表明，在一个超大人口规模的发展中国家推动稳定的经济发展战略，实现现代化发展目标，必须有强有力的政党来引领。新中国成立以来，我们之所以能够取得如此辉煌的发展成就，最根本的是坚持中国共产党的领导，这是我国经济发展战略最显著的优势。

一个国家要实现长期稳定的发展，必须有一以贯之的坚定目标。许多发展中国家在经济实现快速增长之后，往往会跌入所谓"中等收入陷阱"，其中一个重要原因，就是这些国家的执政党难以长期执政并持续规划、推进国家长远发展战略。中国共产党在中国道路的探索历程中始终坚持远大的奋斗目标并作出长远规划。作为马克思主义政党，《中国共产党章程》明确指出，党的最高理想和最终目标是实现共产主义。为了这个崇高的理想，中国共产党人前赴后继为之流血牺牲，奋斗终身。"为中国人民谋幸福，为中华民族谋复兴"成为中国共产党始终坚持的初心和使命。对中国道路的探索历程中，我们党在不同的历史阶段，总能根据当时的国情制定科学合理的发展规划。从

1953 年至今，我国已完成十三个"五年规划"，并顺利开启"十四五"规划。1987 年党的十三大擘画"三步走"现代化发展战略的宏伟蓝图，30 多年来，我们党不断完善发展这一蓝图，并在党的十九大进一步明确了建成富强民主文明和谐美丽的社会主义现代化强国目标。在执行层面，中国共产党具有严密的组织体系和强大的治理能力。纵向看，我们党建立了从中央到基层的各级党组织。横向看，党组织有机嵌入人大、政府、政协、群团组织、各类企业的组织架构中，并起到领导作用。党的严密组织和坚强领导，能够发挥各条战线的积极性和创造力，有力推进中国特色社会主义事业不断向前发展。

二是坚持马克思主义基本原理同中国具体实际相结合、同中华优秀传统文化相结合。坚持从国情出发，理论联系实际，始终是我国经济发展战略的鲜明特色。早在新民主主义革命时期，中国共产党就同"教条主义""本本主义"作斗争，提出必须走与中国实际相符的革命道路，成功探索出了新民主主义革命道路。改革开放以来，中国共产党开辟出一条符合中国实际的中国特色社会主义道路，用几十年时间走完了西方几百年走过的路。党的十八大以来，中国共产党根据国情变化，作出一系列符合新时代中国国情的战略安排：我们党确立市场在资源配置中的决定性作用，同时更好发挥政府作用；确立公有制为主体、多种所有制经济共同发展，按劳分配为主体、多种分配方式并存，社会主义市场经济体制的基本经济制度；提出供给侧结构性改革；提出建设现代化经济体系；等等。

在探索中国发展道路的历史实践中，中国共产党人始终是中华优秀传统文化的继承者、弘扬者。我们党始终坚持把马克思主义基本原理同中华优秀传统文化相结合，在延续民族文化血脉中不断开拓前进。党的十八大以来，我们党高度重视中华优秀传统文化的传承和发展，确立和坚持马克思主义在文化建设领域的指导地位，强调传承弘扬中华优秀传统文化，加快国际传播能力建设，向世界讲好中国故事、传播好中国声音，不断增强国家软实力和中华文化影响力。

三是坚持科学社会主义方向。中国共产党在中国发展道路的探索历程中，始终坚持科学社会主义的正确方向。中国共产党是以马克思主义为指导的无产阶级政党。中国的发展道路，不是改良主义道路、资本主义道路或其他什么别的道路，而是中国共产党科学运用马克思主义的立场、观点、方法，坚持科学社会主义原则，不断与时俱进走出来的中国特色社会主义道路。

在马克思主义经典作家的早期设想中，社会主义革命的成功应该首先发生在高度发达的资本主义国家。十月革命的成功用事实证明了经济文化落后的国家可以越过资本主义发展阶段直接进入社会主义。我国确立社会主义基本制度后，我们党对于什么是社会主义、怎样建设社会主义等问题进行了艰辛的探索。理论界曾围绕社会主义国家能否发展市场经济、能否发展民营企业等问题出现了"计划与市场"之争、"姓资与姓社"之争。党的十一届三中全会后，我们党通过深刻总结新中国成立以来的建设经验，深刻揭示社会主义本质，确立社会主义初级阶段基本路线，明确提出走自己的路、建设中国特色社会主义。在建设中国特色社会主义时期，我国坚持发展社会主义市场经济，充分调动各要素的生产积极性，同时始终坚持四项基本原则，确保经济社会发展的社会主义方向不动摇。当前，世界正处于百年未有之大变局，在充满发展机遇的同时，各种风险、挑战和陷阱增多，我们更要坚定科学社会主义原则，坚持走中国特色社会主义道路，确保既不走封闭僵化的老路，也不走改旗易帜的邪路。

第 三 章

全面贯彻
新发展理念

党的十八届五中全会鲜明提出，牢固树立创新、协调、绿色、开放、共享的发展理念。新发展理念的提出，是对中国特色社会主义建设和实践规律的深刻总结。习近平总书记多次在公开讲话中阐述新发展理念的内涵，并强调在中国特色社会主义建设中要全面贯彻落实新发展理念。2015年10月29日，习近平总书记在党的十八届五中全会第二次全体会议讲话中深入阐述了新发展理念注重解决的问题，并指出："坚持创新发展、协调发展、绿色发展、开放发展、共享发展，是关系我国发展全局的一场深刻变革。这五大发展理念相互贯通、相互促进，是具有内在联系的集合体，要统一贯彻，不能顾此失彼，也不能相互替代。"①2016年10月21日，习近平总书记在纪念红军长征胜利80周年大会上发表讲话，指出："发展对坚持和发展中国特色社会主义具有决定性意义，我们必须坚持以经济建设为中心，坚持以新发展理念引领经济发展新常态，破解发展难题，厚植发展优势，不断为坚持和发展中国特色社会主义奠定强大物质基础。"②2017年10月18日，习近平总书记在党的十九大上提出，必须坚定不移"贯彻新发展理念，建设现代化经济体系"③。2021年1月28日，习近平总书记主持中央政治局集体学习时强调：完整准确全面贯彻新发展理念，确保"十四五"时期我国发展开好局起好步。

创新、协调、绿色、开放、共享的新发展理念，是管全局、管根本、管长远的导向，指明了"十三五""十四五"乃至更长时期我国的发展思路、发展方向和发展着力点，要准确把握其科学内涵和实践要求。

创新是引领发展的第一动力，注重的是解决发展的动力问题；协调是持续

---

① 习近平：《论把握新发展阶段、贯彻新发展理念、构建新发展格局》，中央文献出版社2021年版，第42页。

② 习近平：《在纪念红军长征胜利80周年大会上的讲话》，人民出版社2016年版，第17页。

③ 《习近平谈治国理政》第三卷，外文出版社2020年版，第23页。

健康发展的内在要求，注重的是解决发展不平衡问题；绿色是永续发展的必要条件，注重的是解决人与自然和谐问题；开放是国家繁荣发展的必由之路，注重的是解决内外联动问题；共享是中国特色社会主义的本质要求，注重的是解决社会公平正义问题。五大发展理念相互贯通、相互促进。习近平总书记指出："坚持以新发展理念引领经济发展新常态，加快转变经济发展方式、调整经济发展结构、提高发展质量和效益，着力推进供给侧结构性改革，推动经济更有效率、更有质量、更加公平、更可持续地发展，加快形成崇尚创新、注重协调、倡导绿色、厚植开放、推进共享的机制和环境，不断壮大我国经济实力和综合国力。"①

一、创新是引领发展的第一动力

我国经济已由高速增长阶段转向高质量发展阶段，正处在转变发展方式、优化经济结构、转换增长动力的攻关期。创新发展是推动高质量发展的需要，是实现人民高品质生活的需要，是构建新发展格局的需要，是顺利开启全面建设社会主义现代化国家新征程的需要。

（一）准确把握创新发展的内涵和意义

创新是历史进步、时代发展的重要助推力量，创新发展注重的是更高效益、更高质量的发展，中国走高质量发展道路必须依靠科技创新驱动。

创新发展是推动高质量发展的必然选择。纵观人类发展历史，每一次科技革命都使生产力得到了巨大的飞跃，对世界经济发展影响深远，对人类生产、生活方式的改变巨大，促进了人类社会在各个方面进步。历史实践也充分证明，科学技术是第一生产力，抓住了科技创新就抓住了经济发展的关键。在推动我国的经济发展进程中，创新是转变经济发展方式的核心和关键。我国作为世界上最大的发展中国家，在相当长的时期里，实施的基本上是更多

---

① 《习近平谈治国理政》第二卷，外文出版社 2017 年版，第 38 页。

利用后发优势的引进型、模仿型、追赶型发展。随着我国经济发展水平不断提高，大力推动经济发展方式的根本转变迫在眉睫，而转变经济发展方式、推动高质量发展的核心和关键在于创新发展。

创新发展是实现人民高品质生活的必然选择。改革开放以来，尤其是党的十八大以来，我国经济发展水平不断提高，广大人民群众的基本需求逐步得到满足，人民生活水平不断提高。当前，我国社会主要矛盾已经转化为人民日益增长的美好生活需要和不平衡不充分的发展之间的矛盾，为满足人民对美好生活的向往，更好地保障人民的生活和改善民生，必须推出更多涉及民生的科技创新成果。因此，要在防灾减灾、公共安全、生命健康等关系人民高品质生活领域相关的重大科技问题上加强攻关，加快科技创新，让更多的科技成果惠及民生，才能真正满足人民高品质生活的需要，让人民群众有更多的获得感、幸福感、安全感。

创新发展是构建新发展格局的必然选择。首先，推动国内大循环，必须认识到我国国内大循环的短板是高科技产业发展滞后、高科技水平供给不足。既面临着先进资本和高素质人才等高端生产要素相对不足的制约，也面临着创新能力不强的挑战。因此，推动国内大循环必须坚持供给侧结构性改革，必须抓住科技创新这一关键，推动中国企业不断提升研发能力，提高供给体系质量和水平，以新供给创造新需求。其次，形成国内国际双循环相互促进的格局，也需要科技实力，保障产业链供应链安全稳定。要提升产业链供应链现代化水平，大力推动科技创新，加快关键核心技术攻关，打造未来发展新优势。当前世界百年未有之大变局加速演进，世界各国产业链供应链安全受到前所未有挑战，准确把握世界新一轮科技革命和产业变革机遇，积极推进国际科技交流合作，有利于保障我国产业链供应链的安全稳定。

（二）贯彻落实创新发展的主要着力点

2020年5月11日，中共中央、国务院印发《关于新时代加快完善社会主义市场经济体制的意见》，提出要全面完善科技创新制度和组织体系。加强国家创新体系建设，聚焦重点领域、重点项目、重点单位，建立产学研深度融合的技术创新体系，创新促进科技成果转化机制，注重实现目标与经济效益的双赢，注重项目的技术前景与其实际应用价值的共同把握，兼顾各方利益分配和利益实现。

1. 以需求和问题为导向，加强关键核心技术攻关

党的十八大以来，我国高度重视科技创新，坚持把创新作为引领发展的第一动力。通过全社会共同努力，我国科技事业取得历史性成就、发生历史性变革。重大创新成果竞相涌现，一些前沿领域开始进入并跑、领跑阶段，科技实力正在从量的积累迈向质的飞跃，从点的突破迈向系统能力提升。

立足新发展阶段，着眼于"两个大局"，创新发展在经济社会发展中的作用越发凸显。而创新发展涉及经济社会各个领域，是一个复杂的社会系统工程。因此，坚持创新发展，需进一步全面系统地加强国家创新体系建设，强化国家战略科技力量，这是打好关键核心技术攻坚战、实现更高水平自立自强的重要系统支撑。一方面，坚持需求导向和问题导向，聚焦面向世界科技前沿、面向经济主战场、面向国家重大需求、面向人民生命健康的关键领域，将当前发展和人民生活中迫切需要攻坚的问题和从战略上布局攻坚的问题确定为重点领域，整合国内集中力量办大事的制度优势，优化整合科技资源的配置，完善创新激励机制，强化国家战略科技力量；另一方面，做好国家关键核心技术攻关的中长期科技发展的规划，建立科学有效的国家创新体制，完善社会主义市场经济条件下关键核心技术攻关的新型举国体制，使国家科研资源进一步聚焦重点领域、重点项目、重点单位，打好关键核心技术攻坚战。我国很多重大科技成果都是靠集中力量办大事这个重要法宝实现的。

2. 以基础研究突破为目标，加强基础研究投入

当前，我国科技创新取得了许多重大成果，从跟跑为主转向跟跑和并跑、领跑并存，一些前沿领域开始进入并跑、领跑阶段。基础研究在科技革命和产业变革中有着至关重要的作用，基础研究作为整个科学研究领域的根基，对国家科技创新水平的提升起着决定性作用，很多科技革命和产业变革是在基础研究取得重大进步的基础上发生的。在新一轮科技革命和产业变革的这个重大机遇和挑战中，我国要在世界百年未有之大变局中赢得主动和先机，必须从基础研究做起。

因此，加强基础研究投入，打造有利于基础研究的良好科研生态显得尤为重要。我们应聚焦我国基础科研工作的短板和科技强国战略需求，加大基础研究投入，加快形成以政府投入为主、鼓励社会投入的多元化机制；加大国家财政投入力度，在增加财政支持的同时，引导企业和金融机构以适当的方式加大支持；拓宽社会投入渠道，加快建成一套系统完整的体制机制，扎实推进我国基础科学研究工作；健全鼓励支持基础研究、原始创新的体制，在重要领域适度超前布局建设国家重大科技基础设施，同时鼓励民营企业积极参与关键领域核心技术创新攻关；不断优化学科布局，持续推进国家自然科学基金改革，支持科学家、科研工作者长期从事基础学科研究，提升基础理论研究能力。

3. 以提高生产力为动力，加强产学研深度融合

科技创新对经济发展和人民生活有重要的推动和支撑作用，推动科技创新与经济发展、人民生活紧密结合，必须根除束缚科技成果向现实生产力转化不畅的痼疾。比如产学研融合不够深入，科技创新链上就会存在关卡。因此，落实创新发展，需进一步完善以企业为主体、市场为导向、产学研深度融合的技术创新体系，充分发挥大中小企业、高校、科研机构等各方主体作用，支持各类主体融通创新，形成创新资源共享、优势互补、共享收益的良好创新生态系统，以实现各个创新主体充分发挥自身优势的同时融合发展。

推动企业成为自主创新的主体，将创新研究与市场需求建立强连接。推进科技创新，就是要突出企业创新主体地位，积极推动企业结构调整，充分发挥市场机制的作用，引导和鼓励企业持续加大研发投入，借助市场力量实现企业间创新资源的优化配置；适时实行财税优惠等政策，积极通过财税支持扶植企业建立研发机构等提升企业自主创新能力，重视培育自主创新品牌，让更多的中国品牌"走出去"；加快培育科技型中小企业，引导创新资源向科技型中小企业集聚，增强科技创新内生动力。企业作为产学研融合中的创新主体，应积极承担开发、转化、应用、推广的职能。

提升高校、科研机构的研究能力，优化科技研发到成果转化的全链条创

新体系。高校、科研机构是国家卓越人才自主培养的战略高地，应将自身的使命愿景落实到具体的人才培养、科学研究当中。高校、科研机构需要重点提升自身研究能力、学术影响力，加强基础研究和关键领域的创新突破，促进科研成果的大量涌现。我国在促进高校、科研机构方面不断加强政策和财政扶持，根据国家统计局数据显示，截至 2022 年末，我国正在运行的国家重点实验室 533 个，纳入新序列管理的国家工程研究中心 191 个，国家企业技术中心 1601 个，大众创业万众创新示范基地 212 家。国家科技成果转化引导基金累计设立 36 支子基金，资金总规模 624 亿元。国家级科技企业孵化器 1425 家，国家备案众创空间 2441 家。但需客观认识到，我国还未成为科技创新强国，科技创新能力还有进一步提升的空间。因此，要进一步提升高校、科研机构的研究能力，同时要注重科研成果的转化，优化和创新促进科技成果转化机制，既要重视从"0"到"1"的原始创新，也要重视将创新成果转化为现实生产力。为了促进科技创新实现稳增长、调结构、惠民生的目标，需要破除制约科技成果转化和产业化的机制障碍，化解高校、科研机构大量的科研成果难以转化成产业应用和推广的困局，实现科研力量和产业需要的有机衔接。完善科技创新成果转化的公开交易与监管体系，积极推动科技成果转化和产业化，将强大的科研能力和先进的技术、制造能力充分融合，以创新驱动高质量发展，助力经济发展和人民幸福。

加快政府部门推动作用，强化产学研用融合发展政策支撑。在推动产学研深入融合的进程中，政府部门也应发挥参与者、服务者、引导者的作用，积极推进融合，构建多主体创新联动协同保障机制。实施创新驱动发展战略，最根本的是要增强自主创新能力，最紧迫的是要破除体制机制障碍，最大限度解放和激发科技作为第一生产力所蕴藏的巨大潜能。

4. 以人才优势为支撑，加强创新人才培养

我国在经济发展中，一直十分重视创新人才的培养。当前，我国已进入全面建设社会主义现代化国家、向第二个百年奋斗目标进军的新征程，我们比历史上任何时期都更加接近实现中华民族伟大复兴的宏伟目标，也比历史上任何时期都更加渴求人才。人才是第一创新资源，人才是创新活动中最为活跃、最为积极、最为重要的因素。没有人才优势，就不可能有创新优势、科技优势、产业优势。人才是科技创新最关键的因素，因此我国要坚定不移地实施科教兴国、人才强国的战略。

实施科技人才激励机制。大力推进科技创新，就要全面完善科技人才发现、培养、激励机制，健全科技管理体制和政策体系，改进科技评价体系，弘扬科学家精神和工匠精神，从制度设计、舆论等方面鼓励创新，努力打造良好创新环境，营造公平竞争氛围，让创新人才受到尊重。同时，应加大知识产权的保护，激发社会创新活力。

完善创新人才培养模式。加强基础学科的建设和创新人才培养，在各教育阶段都要注重培养学生创新意识和创新能力。培养造就一批具有国际水平的战略科技人才、科技领军人才、创新团队，为我国全面建设社会主义现代化服务。

改革人才评价机制。人才评价是人才发展体制机制的重要组成部分，合理的人才培养机制对人才的发展有着十分重要的推动作用。立足国情，当今我国高水平创新人才仍然不足，特别是科技领军人才匮乏。人才评价制度还不合理，唯论文、唯职称、唯学历的现象仍然严重，人才管理制度还不适应科技创新要求、不符合科技创新规律。因此，推进人才评价机制改革，要注重以创新能力、质量、贡献为导向，避免唯论文、唯职称、唯学历的评价倾向，尊重科研工作者的实际贡献，完善科技奖励制度，形成有利于科技创新人才研究和创新的评价体系和制度，让优秀科技创新人才得到合理回报，释放创新活力。

大力弘扬科学家精神，勇攀科技高峰。我国科技事业取得历史性成就，离不开科学家们的努力奋斗，离不开科学家精神的弘扬。一代又一代的杰出科学家，怀揣着深厚的爱国主义和家国情怀，献身科学，为国争光，影响着一代又一代人。我们必须培养一代又一代拥护中国共产党领导、拥护我国社会主义制度、立志为中国特色社会主义事业奋斗终身的人才，自觉践行、大力弘扬新时代科学家精神，伟大的科技工作者要把自己的科学追求融入全面建设社会主义现代化国家的伟大事业中去。2019 年 6 月 11 日，中共中央办公厅、国务院办公厅印发了《关于进一步弘扬科学家精神加强作风和学风建设的意见》，激励和引导广大科技工作者追求真理、勇攀高峰，树立科技界广泛认可、共同遵循的价值理念，加快培育促进科技事业健康发展的强大精神动力，在全社会营造尊重科学、尊重人才的良好氛围。

在当代中国，经济社会发展和民生改善迫切需要科学技术提供解决方案和创新动力。同时，当今国际竞争的关键是创新之争，在激烈的国际竞争面前，我们必须找到一条符合中国国情的创新之路，努力实现更多从"0"到"1"的突破。这需要广大的科学家、科技工作者积极投入研究工作，不断开拓科学技术广度和深度。

二、着力增强发展的整体性协调性

协调发展是新发展理念的重要内容，要着力增强发展的整体性协调性。协调发展，就要找出短板，在补齐短板上多用力，通过补齐短板挖掘发展潜力、增强发展后劲。

（一）准确把握协调发展的内涵和意义

马克思主义唯物辩证法认为，事物的联系是普遍的，事物或现象之间以及事物内部要素之间相互影响、相互作用、相互制约、相互转化，整个世界是相互联系、相互作用的系统。这为新时代我国协调发展提供了理论基石。中国特色社会主义进入新时代，我国已经全面建成小康社会，继续向全面建设社会主义现代化强国迈进。党的十八大报告对推进中国特色社会主义事业作出了"五位一体"的总体布局，即经济建设、政治建设、文化建设、社会建设和生态文明建设，对全面协调推进五位一体建设作出了重要部署，决定了今后的发展要着力增强整体性。

当前，我国社会主要矛盾已经转化为人民日益增长的美好生活需要和不平衡不充分的发展之间的矛盾，随着生活水平的不断提高，人民对更满意的收入、更稳定的工作、更舒适的居住条件、更好的教育、更优的医疗等有着更高的需求。人民日益增长的对美好生活的需求，决定了需要着力增强发展的整体性协调性。2021年9月18日，国务院新闻办公室发表《中国的全面小康》白皮书指出，中国的全面小康，体现发展的平衡性、协调性和可持续性，是物质文明、政治文明、精神文明、社会文明、生态文明协调发展的小康；是不断满足人民日益增长的多样化多层次多方面需求，不断促进人的全面发展的小康；是国家富强、民族振兴、人民幸福，多维度、全方位的小康。

立足新发展阶段，我们必须准确把握新时代的特征，把握全面建设现代化的总体布局，正确处理好发展中的重大关系，自觉践行协调发展理念，着力增强发展的整体性协调性，这是我国新时代发展的内在要求，也是经济社会持续健康发展的内在要求。

（二）贯彻落实协调发展的主要着力点

协调发展注重的是解决发展不平衡不充分问题。我国发展不协调是一个长期存在的问题，突出表现在区域、城乡、经济和社会、物质文明和精神文明、经济建设和国防建设等关系上。

1. 优化区域经济布局，促进区域协调发展

党的十八大以来，我国高度重视区域协调发展，提出了京津冀协同发展、长江经济带发展、粤港澳大湾区建设、长三角一体化发展、黄河流域生态保护和高质量发展等新的区域重大战略，不断推动区域协调发展，也取得了较好的效果，整体区域发展协调性持续增强，相对差距逐步缩小。但是也应看到，当前我国区域发展同样面临新情况新问题，区域经济发展不平衡，南北区域经济发展差距较大；发展动力极化现象突出，经济和人口向北上广深等大城市聚集；部分地区发展面临着较大困难。推动区域协调发展，缩小区域发展差距，不仅是经济问题，也是政治问题，与现代化建设的全局、社会稳定和国家长治久安密切相关，这是实现高质量发展、全面建设社会主义现代化过程中亟待解决的问题。新发展阶段，必须优化区域经济布局，推动区域协调发展。

实施差异化政策，发挥各区域比较优势。我国幅员辽阔、人口众多，不同区域之间发展不平衡，要素禀赋差异巨大。要解决发展不平衡的问题，首

先需要尊重客观规律，不能搞"一刀切"，要认清差异，因地制宜，实施差异化政策；根据资源环境承载能力、发展基础和潜力，发挥比较优势、加强薄弱环节。一是鼓励东部地区加快推进现代化。东部地区作为经济发展水平比较高的地区，要继续发挥先行优势，起到"领头羊"的作用，带动其他地区经济发展和全国经济现代化建设，提升我国经济实力；积极引导东部沿海产业向中西部地区转移，让中西部地区共享东部地区发展红利，促进各地区经济协调高质量发展。二是开创中部地区崛起新局面。中部地区承东启西，作为未来新型城镇化、新型工业化的主战场，要打造成为国家现代化经济增长的新动能区域，打造内陆高水平开放平台。三是推进西部大开发形成新格局。西部地区疆域辽阔，人口稀少，自然资源丰富。要区分不同的资源条件和经济发展状况，促进产业和人口向优势地区集中，促进各类生产要素自由流动并向优势地区集中，形成优势区域重点发展、生态功能区重点保护的格局，强化推进西部大开发。四是推动东北振兴取得新突破。东北地区水绕山环、沃野千里、矿产资源丰富，经济起步较早，但是面临着传统产业发展后劲不足、新兴产业发展缓慢等问题。要加快资源整合，主动调整经济结构，加快发展新兴产业，培育新增长点，促进东北老工业基地振兴；加快发展资源枯竭地区替代产业，壮大优质农业、装备制造业。

健全区域协调发展体制机制，实现整体协调发展。要坚持区域发展总体战略，在区域关系上形成优势互补、良性互动、整体协调发展的机制。一是健全区域战略统筹机制。加强统筹国家重大区域战略融合发展，加强统筹发达地区和欠发达地区发展，推动陆海统筹发展等。二是健全市场一体化发展机制。积极促进城乡区域间要素自由流动，消除歧视性、隐蔽性的区域市场准入限制，进一步优化营商环境，激发市场活力；推动区域市场一体化建设，促进形成全国统一大市场，畅通国内大循环；完善区域交易平台和制度，包括用水权、排污权、碳排放权、用能权等，完善自然资源资产有偿使用制度和交易平台，促进资本跨区域有序自由流动。三是健全区域合作互助机制。推动区域合作互动，促进流域上下游合作发展，加强省际交界地区合作，积极开展国际区域合作；深入实施东西部扶贫协作，推动人才、资金、技术向贫困地区和边境地区流动；开展对口支援、创新开展对口协作（合作），推动对口支援向更深层次、更高质量、更可持续方向发展，实现互利共赢；健全区际利益补偿机制，要完善市场化、多元化横向生态补偿机制，加快建立保障粮食安全和可持续发展的长效机制。

逐步实现基本公共服务均等化。一是提升基本公共服务保障能力，在基本公共服务领域，逐步建立起权责清晰、财力协调、标准合理、保障有力的基本公共服务制度体系和保障机制，完善转移支付体系，规范中央与地方共同财政事权事项的支出责任分担方式，逐步缩小县域间、市地间基本公共服务差距。二是提高基本公共服务统筹层次，完善企业职工基本养老保险基金中央调剂制度、基本医疗保险制度，巩固完善义务教育管理体制，加大对贫困地区支持力度，健全长效普惠性的扶持机制和精准有效的差别化支持机制。三是推动城乡区域间基本公共服务衔接，加快建立医疗卫生、劳动就业等基本公共服务跨城乡跨区域流转衔接制度，强化跨区域基本公共服务统筹合作。

2. 加快农业农村现代化，推动城乡协调发展

从我国当前发展的现状来看，发展中不平衡不充分的问题还表现在城乡区域发展方面。新中国成立以来，我国重视农业农村农民问题，特别是高度关注农村人口脱贫脱困问题。经过长期努力，我国脱贫攻坚战取得全面胜利，完成了消除绝对贫困的艰巨任务，区域性整体贫困得到解决，农村的发展取得了重大进步。但也要看到，与城镇相比，农村发展依然存在基础设施建设相对落后、公共服务水平依然较低、城乡区域发展和收入分配仍然存在较大差距等发展不平衡现象。推动城乡协调发展，是全面建设社会主义现代化国家和维护社会稳定的需要，也是发展农村经济、畅通国内大循环的需要。走中国特色社会主义乡村振兴道路，具体从以下几个方面开展。

健全农业支持保护制度，提高农业质量效益和竞争力。着力推动城乡协调发展，缩小城乡差距，重要的发力点是加快农村经济发展，积极构建符合高质量发展和共同富裕要求的现代化农村产业体系。一是要以保障国家粮食安全为底线，完善粮食主产区利益补偿机制，坚持严格的耕地保护制度，加大农业水利设施建设力度，推动高标准农田建设工程的建设。二是要利用科

技和信息化手段提升农业产能，助推农业增产和农民增收。充分利用科技和信息化手段，加速农业技术知识、生产、教育、市场、经济、人才、推广管理等各方面信息的互联互通，提升农业各环节的智能化程度，进一步提升农业生产效率；在促进农业生产的同时，有效对接农产品市场，坚持以市场需求为导向，优化资源配置，实现农业质量和效益的提升。三是健全农业专业化社会化服务体系，丰富乡村经济业态。加快培育农民合作社、家庭农场等新型农业经营主体，发展多种形式适度经营规模，实现小农户和现代农业有机衔接；打造农业全产业链，丰富乡村经济业态，拓展农民增收空间，完善农民增收的长效机制；深化农村集体产权制度改革，发展新型农村集体经济；探索赋予农民更多财产权利，明确产权归属，充分激活农村各类生产要素的潜能，建立符合市场经济要求的农村集体经济运营新机制，打造高质量发展的现代农业强国。

完善乡村基础设施建设，提升农村公共服务水平。一是加强农村基础设施和环境建设，改善农村人居环境。要完善农村水、电、路、气、通信、广播电视、物流等基础设施建设，扎实完善农村经济发展基础；要推进农村污水和垃圾处理、农村饮用水安全工程，推广农村清洁能源，提升农房建设质量，不断改善农村卫生条件和居住环境。二是健全农村社会保障体系。要完善农村最低生活保障制度，建立农村低收入人口和欠发达地区帮扶机制，保证中央和地方财政投入力度，巩固拓展脱贫攻坚成果；要完善农村社会保障和救助制度，包括以养老、失业、医疗为主的社会保险、社会救助、社会福利等方面，进一步完善农村居民基本养老保险、基本医疗保险、大病保险制度等保障制度，让农民有病敢医，老有所依。三是加大农村公共服务资源的投入力度，提升农村公共服务水平。通过政府财政资金支持、企业投资项目、社会力量筹资等多方面、多层次、多渠道加大公共服务领域投入力度；提升农村公共服务人员水平，加强农村实用人才培养，鼓励人才到农村去工作，为建设农村服务；改善农村医疗水平，加强农村卫生人才队伍建设，完善城市医生支援农村医疗制度；保障和改善农村教师工作条件和薪资待遇，加大农村教师的培训，提高农村教师素质，同时鼓励城乡教师交流机制，缩小城乡师资力量差距。

健全城乡融合发展机制，促进城乡要素自由流动。一是深化户籍制度改革，健全农村转移人口市民化配套政策体系。各类城市根据资源环境承载能力和经济社会发展实际需求，有序放宽城市落户限制；完善财政转移支付和农业转移人口市民化挂钩政策，强化基本公共服务保障，加快农业转移人口有序有效全面融入城市。二是畅通城乡要素流通渠道，促进城乡要素自由流动。促进城乡人力资源双向流动，完善乡村人才引进、培养、使用、评价和激励机制；完善农村金融服务政策体系与机制，促进更多金融资源聚集到农村，优化农村金融服务和产品供给，深入发展农业保险，提高金融服务乡村全面振兴的效率和水平。

3. 发展社会主义先进文化，推动物质文明和精神文明协调发展

满足人民日益增长的美好生活需要，既需要物质财富丰富，也需要精神财富丰富。中国特色社会主义道路是物质文明和精神文明协调发展之路，推动物质文明和精神文明的协调发展，是社会主义的本质要求。

坚持先进思想引领，传播正确价值观。坚持马克思主义在意识形态领域的指导地位，坚持以社会主义核心价值观引领文化建设，加强社会主义精神文明建设，推动形成适应新时代要求的思想观念、精神面貌、文明风尚、行为规范。一要推动理想信念教育常态化、制度化。理想信念教育作为基础性工程、战略性任务，需要坚持常态化开展、制度化推进。要加强党史、新中国史、改革开放史、社会主义发展史教育，加强爱国主义、集体主义、社会主义教育，弘扬党和人民在各个历史时期奋斗中形成的伟大精神，自觉做共产主义远大理想和中国特色社会主义共同理想的坚定信仰者和实践者。二要加强网络文明建设，发展健康网络文化。互联网飞速发展，网络文明建设面临着巨大的压力和挑战，网络谣言肆意散播、个人信息泄露、网络诈骗等现象影响着网络文明建设。2021 年 9 月，中共中央办公厅、国务院办公厅印发《关于加强网络文明建设的意见》，明确提出要贯彻落实习近平总书记关于网络强国的重要思想和关于精神文明建设的重要论述，大力弘扬社会主义核心价值观，全面推进文明办网、文明用网、文明上网、文明兴网。要加强

网络空间思想引领、文化培育、道德建设、行为规范、生态治理，加强网络监管，引导广大网民遵德守法、文明互动、理性表达，净化网络环境，提升网络文明素养。三要加强诚信建设，弘扬诚信文化。诚实守信是中华民族的传统美德，《论语》中有言"人而无信，不知其可也""民无信不立"。在新时代，诚信是我国社会主义核心价值观的重要内容。加强诚信文化建设，弘扬诚信文化，树立道德典范，把诚信文化建设落实到生产和生活的方方面面，不仅有利于弘扬中华民族传统文化，还有利于社会和谐稳定。四要加强志愿服务体系建设，提升参与社会治理能力。志愿服务具有自愿性、无偿性、公益性、服务性、组织性的特征，体现了中华民族传统美德，反映了社会进步的时代要求。加强志愿服务体系建设，提升全社会对志愿服务的认知，创造有利于志愿服务的舆论环境，让志愿服务者能够极大地提升服务的意愿和贡献力；要强化志愿服务治理的组织化、专业化、法治化，提升志愿服务的质量，切实为群众办实事、解难事、做好事，充分发挥志愿服务提升社会治理能力的作用。五要加强家庭、家教、家风建设，形成家庭文明新风尚。强化党员和领导干部家风建设的带头作用，要以培育和践行社会主义核心价值观为根本，以建设文明家庭、实施科学家教、传承优良家风为重点；加强习近平总书记关于注重家庭、家教、家风建设重要论述的宣传学习，以社会主义核心价值观引领家庭家教家风建设，围绕落实立德树人根本任务开展家庭教育；要突出少年儿童思想品德教育，从娃娃抓起，推动家庭、家教、家风建设高质量发展；要注重发挥家庭、家教、家风建设在基层社会治理中的重要作用；吸引群众积极参与和谐社区、美丽乡村等建设，走出"小"家、融入"大"家，共建美好家园。

扶持优秀文化产品，提升公共文化服务水平。优秀文化产品对精神文明建设影响深远，扶持优秀文化产品创作，加强文化人才培养，提升公共文化服务水平，对精神文明建设、提升文化自信尤为重要。一是加强对优秀文化产品创作的引导，切实提升文化产品质量。加强政府对优秀文化产品的扶持奖励，充分调动广大文化工作者的积极性，做好德艺双馨的文化领军人才的培养；全面实施文化作品质量提升工程，加强对文化作品创作的规划和组织实施，加强现实题材创作生产，不断推出反映时代新气象、讴歌人民新创造的文艺精品。二是推动媒体深度融合，加快构建全媒体传播格局。"传统媒体和新兴媒体不是取代关系，而是迭代关系；不是谁主谁次，而是此长彼长；不是谁强谁弱，而是优势互补。"①要确保坚持正确的舆论导向，这是新闻工作的生命线，新闻舆论工作各个方面、各个环节都要坚持正确舆论导向。要推动传统媒体和新媒体的一体化发展，加快构建全媒体传播格局。融合发展仍要坚持内容为王，内容生产始终是媒体生存发展的根本，要增加内容的精准性和契合度，不断提升宣传的质量和水平，以内容优势赢得发展优势。三是加快推进重大文体设施建设，增强国家文化软实力和国际影响力。推进国家版本馆、国家文献储备库、智慧广电等重大工程，满足人民日益增长的精神文明需求。四是推进城乡公共文化服务体系一体建设，助力乡村全面振兴。创新实施文化惠民工程，严格把控文化惠民工程建设质量，拓展文化惠民工程的形式，创新服务内容，丰富广大人民群众的业余生活；完善城乡公共文化服务协同发展机制，推进图书馆、文化馆总分馆制建设，提升县级公共文化服务能力，加强城市对农村文化建设的对口帮扶，形成常态化工作机制，以文化繁荣助力乡村全面振兴。五是加强文化遗产保护，弘扬优秀传统文化。上下五千年，中华文明历史悠久，源远流长，中华优秀传统文化是中华民族的突出优势。要实现中华民族伟大复兴，必须继承和发扬中华优秀传统文化。例如，加强对重要文化、自然遗产和非物质文化遗产的系统性保护，既要推进文物法治建设，加强对文物犯罪的遏制，又要健全文物事业发展保障机制和多元投入体系，提升文物保护管理效能。

健全现代文化产业体系，深化文化体制改革。健全现代文化产业体系，要坚持把社会效益放在首位，深化文化体制改革，完善文化产业规划和政策，加强文化市场体系建设，使社会效益和经济效益相统一。一是实施文化产业数字化战略，扩大优质文化产品供给，推动文化产业升级。加快发展新型文化产品，充分利用大数据、云计算、人工智能等科技创新的成果，丰富数字

---

① 《习近平谈治国理政》第三卷，外文出版社 2020 年版，第 317 页。

文化产品内容，提供更多能满足人民文化需求的优质文化产品；加快发展新型文化业态，推动文化产业线上线下融合，培育壮大云演艺、云展览、数字艺术、沉浸式体验等新型文化业态；加快发展新兴文化消费模式，丰富网络音乐、网络表演、知识服务等数字消费，创新文化消费场景，引导和培育网络消费、定制消费、智能消费等新文化消费模式。二是规范发展文化产业园区，推动区域文化产业带建设。要加强产业园区的规划和管理，引导促进文化产业园区基地健康发展；推动区域文化产业带建设，要做好区域文化产业布局，借鉴发达国家的经验，融合文化线路、国家文化公园、文化场景等区域文化发展理念融合，创新区域文化产业的合作发展模式。三是整合优势资源，推动文化和旅游的融合发展。文化是旅游的灵魂，旅游是文化的载体，旅游业发展与精神文明建设密切相关。要整合优势资源，推动文化产业和旅游产业的深入，推动更多的文化资源转化为高质量的旅游资源；统筹文化和旅游相关公共服务建设，建设、改造一批文化、旅游融合服务设施，打造一批富有文化底蕴和鲜明文化特色的旅游景区和度假区，全面提升公共服务覆盖面和适用性；加强对外文化交流，充分利用好文旅交流合作机制，同步推进文化交流和旅游推广。四是加强国际传播能力建设，推动中华文化走出去。以讲好中国故事为着力点，创新推进国际传播，加强对外文化交流和多层次文明对话，展示真实、立体、全面的中国。在新形势下，加强和改进国际传播工作显得十分重要和必要。加强国际传播能力建设，形成同我国综合国力和国际地位相匹配的国际话语权，有利于为我国改革发展稳定营造良好的外部舆论环境，有利于为构建人类命运共同体作出积极贡献。

三、绿水青山就是金山银山

生态兴则文明兴，生态衰则文明衰。生态文明建设是关系中华民族永续发展的千年大计，必须贯彻绿色发展理念，始终站在人与自然和谐共生的高度来谋划经济社会发展。

（一）准确把握绿色发展的内涵和意义

党的十八届五中全会对新发展理念中关于"绿色发展"的具体阐述是：坚持绿色发展，必须坚持节约资源和保护环境的基本国策，坚持可持续发展，坚定走生产发展、生活富裕、生态良好的文明发展道路，加快建设资源节约型、环境友好型社会，形成人与自然和谐发展现代化建设新格局，推进美丽中国建设，为全球生态安全作出新贡献。推动形成绿色发展方式和生活方式是贯彻新发展理念的必然要求，必须把生态文明建设摆在全局工作的突出地位，坚持节约优先、保护优先、自然恢复为主的方针，形成节约资源和保护环境的空间格局、产业结构、生产方式、生活方式，努力实现经济社会发展和生态环境保护协同共进，为人民群众创造良好的生产生活环境。

绿色发展是协调推进"五位一体"总体布局和"四个全面"战略布局的应有之义。中国特色社会主义是全面发展的社会主义，党的十八大以来，我国积极推进经济建设、政治建设、文化建设、社会建设、生态文明建设"五位一体"的总体布局，积极推进全面建成小康社会、全面深化改革、全面依法治国、全面从严治党的战略布局。从"两个文明"到"三位一体"、"四位一体"再到"五位一体"，体现了我国社会主义不同发展阶段的不同发展理念和发展方式。绿色发展理念准确把握了我国经济社会发展阶段的特征，是统筹经济建设与生态文明建设必须遵循的根本指导原则，是推进总体布局和战略布局的必然选择。

绿色发展是实现高质量发展的根本路径。高质量发展是要兼顾生产、生活和生态的发展，注重增长的稳定性、发展的均衡性、环境的可持续性和社会的公平性。绿色发展理念为高质量发展体现了更加丰富、广泛的内涵，不断推动经济发展从粗放型向集约型转变，是实现高质量发展的必由之路。

绿色发展是满足人民日益增长的美好生活向往的科学理念。随着经济社会的不断发展，我国社会的主要矛盾发生了变化，人民对美好生活的向往日益增长，对优质生态产品和生态环境的需求不断增加。绿色发展解决人民最关心最直接最现实的问题，给人民提供更多优质生态产品和良好的生态环境。

绿色发展是共谋全球生态文明建设的新共识。人类只有一个地球，各国共处一个世界，是紧密联系的命运共同体。生态环境问题是全球性的问题，保护生态环境、推动可持续发展是各国的共同挑战和共同责任。绿色发展是人与自然和谐的发展。近年来，生态安全问题日益明显，各个国家更加积极追求绿色、低碳、可持续的发展，推动全球生态文明建设。我国作为最大的发展中国家，积极推动绿色发展、保护生态环境，对全球生态文明建设是十分重要的。

（二）贯彻落实绿色发展的主要着力点

受资源瓶颈和环境容量的制约而提出的绿色低碳发展理念，旨在促进人与自然和谐发展。近年来，尽管我国绿色低碳发展已经取得了显著成效，但与世界先进水平仍有较大差距，尚存在较大发展潜力。新时代我国经济发展已经由高速增长阶段转向高质量发展阶段，绿色低碳发展是高质量发展的重要内容。绿色发展将社会经济和生态环境紧密联系、协同发展，是一种高质量的发展模式，对保护全球生态环境、实现可持续发展具有非常重要的意义。

1. 大力推动绿色低碳发展，加快经济绿色转型

大力推进绿色技术创新，促进科技创新和生态文明建设融合。绿色循环低碳发展，是当今时代科技革命和产业变革的方向。促进绿色技术创新，以科技创新优化环境保护，推动绿色转型实现积极发展。一是积极推进能源革命。我国是世界上最大的能源消费国和生产国，在发展的过程中要坚决遏制高耗能、高排放项目盲目发展，积极推进能源革命、加快能源供应体系的绿色转型。要持续推进太阳能、风能、生物质能、水能、地热能等清洁能源的开发和利用，降低可再生能源发电成本，探索新型储能方式，建造清洁低碳、安全高效的能源体系。二是健全鼓励绿色技术创新的机制。加快推进绿色科技创新的研究，形成充满活力的绿色工作机制，使税收优惠、金融资源进一步向绿色发展、低碳发展倾斜，建立统一的绿色产品标准、认证、标识体系，为绿色技术营造良好的创新环境，推动经济发展由高耗能、低效益的方式向低耗能、高效益的绿色发展方式转变。利用绿色科技创新，形成科技含量高、

资源消耗低、环境污染少的生产与生活方式。

健全生态产品价值实现机制。2021 年 4 月，中共中央办公厅、国务院办公厅印发了《关于建立健全生态产品价值实现机制的意见》，对践行绿水青山就是金山银山理念的关键路径作出重要部署。一是建立生态产品调查监测机制和价值评价机制。充分利用网格化的调查监测手段，开展对生态产品数量、质量等基础信息的调查，形成生态产品目录清单；充分利用信息化手段，建立开放共享的生态产品信息云平台，建立及时掌握生态产品数量分布、质量等级、权益归属等信息的动态监测制度；针对不同生态产品的功能属性，探索建立完备的生态产品价值评价体系，推动生态产品价值核算的规范化、标准化，积极探索将生态产品价值纳入国民收入核算体系，推动生态产品价值核算结果在政府决策和绩效考核评价中的应用。二是健全生态产品经营开发机制和保护补偿机制。通过建立生态产品交易中心举办生态推介博览会等方式，积极推进生态产品买卖双方信息畅通，促进生态市场供需均衡；积极推进生态产品品牌培育，促进生态产品价值增值，保障生态产品供给者的利益；完善横纵向生态保护补偿制度，健全生态环境损害赔偿制度，提高破坏生态环境的违法成本，加强生态环境修复与损害赔偿的执行和监督。三是健全生态产品价值实现推进机制和保障机制。加强组织领导，建立健全统筹协调机制，深入开展生态产品价值实现机制试点，加强生态产品相关的产学研融合，打造示范基地；建立生态环境保护的利益导向机制，将生态产品总值指标纳入各地区高质量发展评价体系；加大推动绿色金融的发展，积极探索生态产品资产证券化实现路径。

降低碳排放强度，确保双碳目标如期实现。2020 年 9 月 22 日，我国在联合国大会上提出，二氧化碳排放力争于 2030 年前达峰，努力争取 2060 年前实现碳中和。实现"碳达峰"和"碳中和"之路，是中国发展方式的一个关键约束，对我国经济社会发展来说是巨大挑战。首先，不断完善"碳达峰""碳中和"顶层设计政策文件，科学设定各阶段的目标，压实各行业、各地方主体责任，严格立法，将碳减排从软约束转向硬约束，确保双碳目标如期实现。各地区要根据本地区实际出台减碳政策，支持有条件的地方率先达到碳排放峰值。其次，推动颠覆性的科技创新，加快能源系统深度脱碳。从产业结构调整和技术进步两个方面着手，减少传统高耗能产品的需求，以科技创新推动能源高效利用。再次，建立全国碳市场。2005 年到 2012 年，我国参与清洁发展机制，建立对碳市场的基本认知；2013 年起，我国先后在深圳、上海、广东、北京、天津等省市建立了碳排放权交易试点，取得了一定的成就和经验；目前，全国碳市场的基本框架初步确立，价格发现机制作用初步显现，碳市场参与主体由控排企业转向控排企业、非控排企业、金融机构、中介机构和个人投资者并重，但是碳市场的全面建立面临很长的探索之路。最后，双碳目标的实现，需要全民参与。在日常生活中，全民要积极践行"低碳生活"，比如多乘坐公共交通工具、减少使用一次性餐具、减少使用空调、随手关灯等，从衣、食、住、行、用等各方面选择低碳生活方式，助力双碳行动。

2. 持续改善环境质量，提升生态系统稳定性

近年来，我国持续改善环境质量，取得了一系列成绩。2020 年，我国单位国内生产总值能耗下降 8.1%、二氧化碳排放下降 14.1%。地级及以上城市细颗粒物（PM$_{2.5}$）平均浓度下降 27.5%，重污染天数下降超过五成，全国地表水优良水体比例由 67.9% 上升到 87.9%。但生态环境保护整体形势依然不容乐观，需要加大力度，持续改善环境质量。根据《中国统计年鉴 2022》，2021 年我国废气中二氧化硫排放 274.78 万吨，氮氧化物排放 972.65 万吨，颗粒物排放 537.90 万吨；一般工业固体废物产生量 39.70 亿万吨，一般工业固体废物综合利用量 22.67 亿万吨，一般工业固体废物处置量 8.89 亿万吨，一般固体废物贮存量 8.94 亿万吨。

加强危废、医废收集处理，全面实施排污许可证。危险废物是指具有毒性、腐蚀性、易燃性、反应性或者感染性一种或者几种危险特性的固体废物，若处置不当可能对生态环境和人体健康造成有害影响。根据《中国统计年鉴 2022》，2021 年我国危险废物产生量 8653.61 万吨，危险废物利用处置量 8461.21 万吨，危险废物年末贮存量 11948.91 万吨。由危险废物带来的严重影响和潜在威胁仍然很大，加强危废、医废收集处理十分有必要。一要完善危险废物相关的监管体制机制。各地区各部门按分工落实危险废物监管职责，建立危险废物环境风险区域联防联控机制，落实企业主体责任，完善危险废物环境管理信息化体系。二要强化危险废物全过程环境监管。包括强化危险废物源头管控、强化危险废物收集转运等过程监管，实现危险废物全收集、全处理、无死角。地方各级生态环境部门需按照国家法律法规要求，严格危险废物经营许可证审批。三要提升危险废物集中处置基础保障能力。强化特殊类别危险废物处置能力，建设一批全国或区域共享的危险废物填埋处置基地；推动省域内危险废物处置能力与产废情况总体匹配；提升市域内医疗废物处置能力，各地级以上城市应尽快建成至少一个符合运行要求的医疗废物集中处置设施；加快危险废物利用处置适用技术的推广应用，积极推动危险废物利用处置产业高质量发展。四要提高危险废物环境风险防控能力。建立平战结合的医疗废物应急处置体系，包括完善医疗废物和危险废物应急处置机制和提升重大疫情医疗废物应急处置能力；完善配套的法律法规，加强专业监管队伍建设，加强监察力度。五要健全环境治理企业责任体系。明确实行排污许可管理的范围和管理类别，实现固定污染源全过程管理，推进生产服务绿色化，提高污染治理水平；健全排污权、用能权、用水权、碳排放权的初始分配制度，充分发挥市场的作用，推进排污权、用能权、用水权、碳排放权市场化交易。

加强重大生态保护，提升重大生态的稳定性。自然保护地是生态建设的核心载体，在改善国家环境质量、维护生态安全中处于重要地位。一是要构建以国家公园为主体的自然保护地体系。针对自然生态系统、自然遗迹和自然景观，开展自然植被和林相改造，配套建设布局合理、功能完备、生态友好的基础设施，加强自然公园的保护管理、宣传教育设施建设。二是要实施生物多样性保护重大工程。做好濒危野生动植物的保护，加强外来物种管控。三是要强化河湖长制。要加强大江大河和重要湖泊湿地生态保护治理，实施长江十年禁渔。构筑"水清、河畅、岸绿、景美"生态河湖。四是要科学推进生态综合治理和保护。科学推进荒漠化、石漠化、水土流失综合治理，开展大规模国土绿化行动，推行林长制。推行草原森林河流湖泊休养生息，加强黑土地保护，健全耕地休耕轮作制度。根据《中国统计年鉴》数据，截至2021 年，我国草原建设利用情况良好，草原改良面积 1981.3 千公顷；草原鼠害发生面积 37618.9 千公顷，防治面积 10191.3 千公顷；草原虫害发生面积7919.3 千公顷，防治面积 3239.9 千公顷；草原火灾受灾面积 4198.8 千公顷，整体草原建设利用和保护压力仍然较大。五是要加强自然保护地保护的监测评估机制。我国国家级自然保护区 474 个，国家级自然保护区面积 9821.3 万公顷，加强对生态保护的监管，观测全球气候变暖对我国各地区的影响，开展生态系统保护成效监测评估，是我国生态保护的重要环节。

治理城乡生活环境，提升人民居住质量。一是要推进城镇污水管网全覆盖和垃圾处理等环境和基础设施建设，改进污水处理处置设施，加快推动污水资源化利用，基本实现城镇污水全收集、全处理，基本消除城市黑臭水体。二是要完善农村生活污水和生活垃圾处理设施建设和改造，统筹农村饮水安全、改水改厕、垃圾处理，提升农村的生活环境；推进化肥农药减量化和土壤污染治理，因地制宜地采取合理的处理办法和管理模式。三是要实施城乡容貌秩序治理工程。重点治理城乡接合部、城镇背街小巷等卫生薄弱区域，消除乱象，提升居民的舒适感和幸福感。

增强全社会生态环保意识，深入打好污染防治攻坚战。一是要加强生态环保相关内容宣传。要持续深入地推进习近平生态文明思想的学习贯彻，加强对环境保护相关法律法规的宣传，大力增强全社会节约意识、环保意识、生态意识。积极培育全国人民的生态环保意识，积极倡导绿色低碳生活方式和培养绿色消费习惯，让全国人民积极参与生态环保建设。二是要推进多污染物综合防治和环境治理。加强生态系统保护修复，实行联防联控和流域共治，建立地上地下、陆海统筹的生态环境治理制度。深入大气、水、土壤的污染防治，建立工业污染源全面达标排放计划，扩大污染总量控制范围。推进生态保卫战，建立实时环境监测系统，加强环保督察。三是要优化产业布局，严禁污染性产业或企业向流域上中游地区转移。

加强生态环保国际合作，实现世界各国互利共赢。改革开放以来，我国在环境保护国际合作领域取得巨大成就，逐步成为全球生态文明建设的重要参与者、贡献者和引领者。21世纪以来，国际社会对生态、资源与环境问题更加关注，对如何处理人类和自然关系、发展和保护关系的反思不断深入，逐步提出并实施可持续发展战略。2015年9月25日，联合国可持续发展峰会通过《2030年可持续发展议程》，可持续发展目标旨在从2015年到2030年以综合方式彻底解决社会、经济和环境三个维度的发展问题，转向可持续发展道路，为未来十几年世界各国可持续发展和国际发展合作指引方向。应对气候变化是当前国际社会推动绿色发展的重要动因。国际社会已就减少温室气体排放的重要性形成共识，出台的排放标准也日益严格。2016年，全世界178个缔约方共同签署了《巴黎协定》，是对2020年后全球气候变化的行动作出的统一安排。《巴黎协定》的长期目标是将全球平均气温较前工业化时期上升幅度控制在2摄氏度以内，并努力将温度上升幅度限制在1.5摄氏度以内。应对气候变暖，是全世界面临的共同课题，对中国、巴西等新兴市场国家是更大的挑战。在当今社会，应对气候变化和发展绿色产业是全球合作的新共识和新契机。在世界格局加速调整的关键时期，我们应当积极参与生态环保的国际合作，积极履行国际环境保护公约要求承担的各项义务，以绿色"一带一路"建设为抓手，积极推进构建更加公平合理、合作共赢的全球环境治理体系，为全球生态文明建设贡献中国力量；加强生态环保关键技术领域的科技人才交流合作，精准引进高端科技创新人才，共建全球生态文明。

3. 全面提高资源利用效率，推进资源节约集约循环利用

习近平总书记指出："我们必须坚持节约资源和保护环境的基本国策，坚定走生产发展、生活富裕、生态良好的文明发展道路，加快建设资源节约型、环境友好型社会，推进美丽中国建设，为全球生态安全作出新贡献。"[1] 当前对生态环境造成破坏主要是来自对资源的过度开发、粗放使用，我国过去粗放式的增长方式需要改变。如何提高资源的利用效率，转变经济发展方式，是我国经济社会发展的重大主题。我们要充分考虑资源利用和经济发展之间的

---

[1] 《习近平谈治国理政》第二卷，外文出版社2017年版，第199页。

关系，坚持节约优先，树立节约集约循环利用的资源观，不断提高资源利用效率。

提升重点资源开发利用和保护水平。一是加强水资源的高效利用。实施国家节水行动，建立水资源刚性约束制度。农业农村方面，促进农业节水型发展，积极推进节水灌溉，科学合理地设立灌溉定额，利用科技手段提升节水灌溉能力；要优化调整各地区种养殖结构，因地制宜地开展种养殖；要加快推进农村生活节水，完善农村生活用水的基础设施建设。工业方面，促进工业节水改造升级。利用加强对工业节水的系统改造，加快节水和水循环利用设施建设。城镇方面，加强城镇节水管理。把节水落实到城市规划、建设、管理的各个环节中。二是加强矿产资源的高效利用。矿产资源属于不可再生资源，需合理编制矿产资源的开发规划，加强对矿产资源的勘察管控；积极研发先进的技术，推进矿产企业的绿色技术和工艺改造；加快推进绿色矿山的建设，打造布局合理、集约高效、环境优美的绿色矿业发展示范区。

加快构建废旧物资循环利用体系。提高资源利用效率的一个重要途径就是推动资源的循环利用。一是推动废旧物资的循环利用产业的发展。积极推动金属矿产资源、大宗固体废弃物和其他产业废物的综合利用，加强农作物秸秆、林业剩余物生产板材等农林作物废物资源利用，促进太阳能光伏组件、节能灯、动力蓄电池等可再生资源回收利用。二是健全循环发展的机制和体系。实施循环发展引领生产的计划，推行企业循环式生产，减少单位产出物质消耗；加强城乡循环发展体系建设，推进垃圾分类处理和再生资源利用融合，促进生产系统和生活系统的循环连接。

强化国土空间规划和用途管制，集约高效利用国土空间。国土开发利用必须从我国的基本国情出发，科学研判发展形势，作出合理的空间规划和用途管制，减少人类活动对自然空间的占用。调整优化国土空间布局，落实主体功能区规划。国土空间是经济、政治、文化、社会、生态及其相互作用的根基所在，要准确把握"五位一体"总体布局，协调推进"四个全面"战略布局，坚持国土开发与资源环境承载能力相匹配、集聚开发与均衡发展相协调、点上开发与面上保护相促进、节约优先与高效利用相统一、市场调节与政府调控相结合的原则，充分发挥国土空间规划的战略引领和刚性管控作用，实现高效能治理助推高质量发展。国务院印发的《全国国土规划纲要（2016—2030年）》对国土空间的开发作了明确具体的部署。一是建立高效规范的国土开发开放格局。以培育重要开发轴带和开发集聚区为重点建设竞争力高地，以现实基础和比较优势为支撑建设现代产业基地，以发展海洋经济和推进沿海沿边开发开放为依托促进国土全方位开放。二是建立安全和谐的生态环境保护格局。综合考虑不同地区的生态功能、开发程度和资源环境问题，分类分级推进国土全域保护，构建陆海国土生态安全格局。三是优化现代化产业布局。包括优化现代农业生产布局，大力建设粮食主产区、非粮作物优势区，巩固提升畜牧产品优势区，加快培育水产品优势区；调整重点工业布局，重点建设煤炭和电力基地、提升发展石油化工和煤炭转化产业基地、优化布局钢铁产业基地、积极培育战略性新兴产业集聚区；培育现代服务业集聚发展区域，加快现代服务业中心建设，推动物流贸易中心有序发展，促进生态旅游产业健康发展。

4. 强化绿色发展的法律和政策保障，严守生态保护红线

以绿色发展为核心，实行严格的生态保护制度，让绿色成为政府、企业、公众共同守护的底色。

完善绿色发展相关的法律法规。 一是国家层面要加快推进工业清洁生产、工业污染治理、绿色设计，促进清洁能源发展，扩大绿色产品消费，推行绿色生活方式，促进绿色服务业发展等相关的法律法规，推动重点行业、重点领域的绿色化改造；健全自然资源保护的法律体系和监管体系，全面清理涉及不利于生态文明建设和自然资源保护的规定，健全矿产资源、水、森林、草原等自然资源保护的法律法规，完善自然资源资产产权纠纷解决机制。二是持续推进自然资源资产产权制度的改革。促进生态文明建设、提高资源利用效率的重要前提就是要建立产权清晰、权责明晰的自然资源资产产权制度，加强自然资源调查评价监测和确权登记。健全自然资源确权登记制度规范，有序推进自然资源确权登记，明确自然资源资产的产权归属主体。三是各地区要紧跟国家步伐，因地制宜，结合实际出台适合本地区绿色生产生活的相关法律法规和政策保障。

加强生态保护法律法规实施的监管。生态保护是关乎人类生存的大事，对于各类破坏生态环境的违法违规行为，需要集结全党和全国人民的共同力量，充分发挥党政机关、督察机构和社会监督作用，加强法律监管、行政监察、舆论和公众监督。要落实生态环境执法责任制，尤其是党的领导干部，须树立正确的政绩观和科学发展观，主动承担推动绿色发展的责任，加大对生态环境的保护力度；要依法追究污染环境、破坏生态的责任，严守生态保护红线，做到执法必严、违法必究；要深入开展环保专项督查，严惩各种有案不查、处罚过轻等不作为、乱作为的行为。通过法律和政策保障，推动绿色低碳发展，促进人口资源环境相均衡、经济社会生态效益相统一。

四、形成全面开放新格局

改革开放以来，中国坚定不移地实施开放战略，经济上深度融入世界经济发展。习近平总书记曾多次强调，中国开放的大门不会关闭，只会越开越大。

从我国货物进出口贸易现状看，我国进出口贸易总额呈现稳步上升的态势，自加入 WTO 以来，由 2001 年的 42183.62 亿元，提升至 2022 年的 420678.16 亿元，为 2001 年的近 10 倍。

从我国的外商投资和对外直接投资流量看，随着我国不断扩大对外开放，营造良好的营商环境，我国外商投资（FDI）和对外直接投资（OFDI）整体处于波动上升的趋势。

随着不断深入推进改革开放，积极参与经济全球化，我国货物贸易总额居世界第一，吸引外商投资和对外直接投资居世界前列。在加快构建双循环的新发展格局中，坚持高水平对外开放，能提升国际循环的质量和水平，进一步推动国内大循环效率的提升。

（亿元）

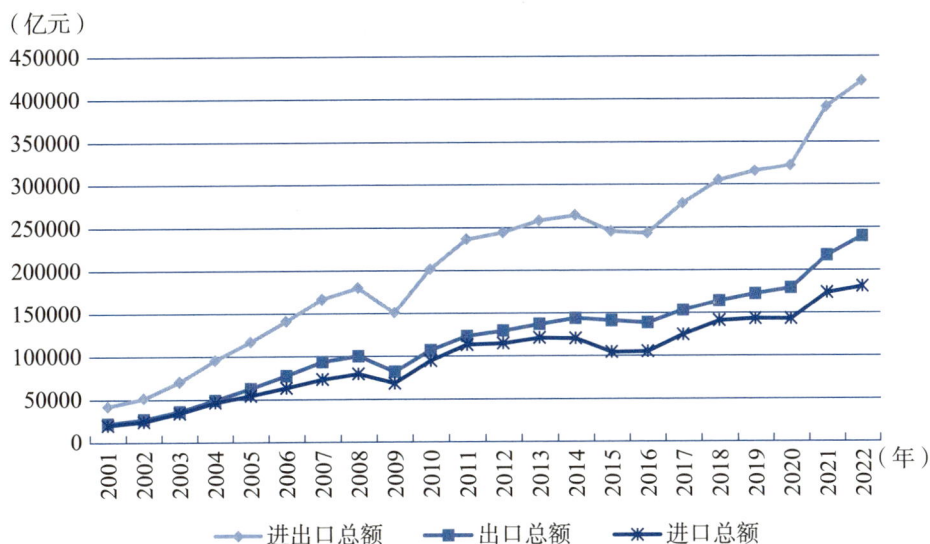

图 3-1　2001—2022 年我国货物进出口总额

数据来源：国家统计局

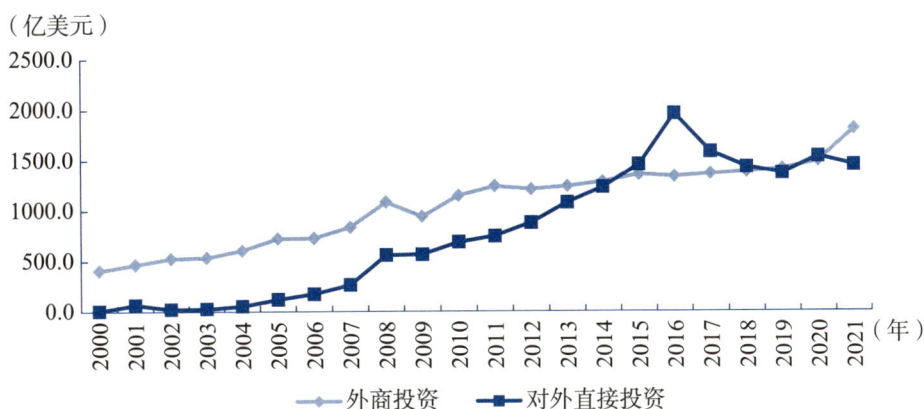

（亿美元）

图 3-2　2000—2021 年中国外商投资和对外直接投资流量

数据来源：UNCTAD 数据库

（一）准确把握开放发展的内涵和意义

习近平总书记指出："回顾历史，开放合作是增强国际经贸活力的重要动力。立足当今，开放合作是推动世界经济稳定复苏的现实要求。放眼未来，开放合作是促进人类社会不断进步的时代要求。"[1] 随着经济全球化的不断深入，世界经济深度调整，我国经济和世界经济相互联系、相互影响日益加深。开放发展理念是立足于我国当前国内和国际的实际发展情况，着眼于未来经济社会必然趋势的基础上提出来的。

坚持开放发展是习近平新时代中国特色社会主义思想的重要内容，其内涵是十分丰富的。开放发展既包括开放范围扩大、领域拓宽、层次加深，也包括开放方式创新、布局优化、质量提升。党的十八届五中全会提出，坚持开放发展，必须顺应我国经济深度融入世界经济的趋势，奉行互利共赢的开放战略，发展更高层次的开放型经济，积极参与全球经济治理和公共产品供给，提高我国在全球经济治理中的制度性话语权，构建广泛的利益共同体。

坚持开放发展，是国家繁荣发展的必由之路。以开放促改革、促发展是中国式现代化建设不断取得新成就的重要法宝。从我国改革开放 40 多年的发展历程来看，我国实行对外开放的基本国策，取得了世界瞩目的成绩。立足于新发展阶段，我国要顺应经济全球化的潮流，统筹好国内、国际两个大局，实行更高水平的开放，为构建我国新发展格局提供强大动力。

坚持开放发展，是提升我国在全球治理中话语权的需要。当今世界，随着世界百年未有之大变局正在加速演进，中国的经济和政治地位不断上升，对世界的影响力也日益增加。坚持开放发展战略，全方位加强拓展和世界各国的互利合作，积极参与全球经济治理和公共产品供给，有助于提高我国在全球治理中的话语权。

（二）贯彻落实开放发展的主要着力点

党的二十大对加快构建新发展格局、着力推动高质量发展作出战略部署。坚持高质量发展必须坚持高水平对外开放，开放发展是国家繁荣的必由之路。

1.建设更高水平开放型经济新体制

建设更高水平开放型经济新体制，促进要素自由流动，对于我国在百年

---

① 《习近平谈治国理政》第三卷，外文出版社 2020 年版，第 200 页。

未有之大变局中抓住新机遇，加快形成新发展格局具有重要意义。

稳步扩大制度型开放，推动贸易和投资自由化便利化。稳步扩大规则、规制、管理、标准等制度型开放，一是持续放宽市场准入。进一步完善外商投资准入的负面清单管理制度，加快推进制度型开放，减少投资限制，吸引外商投资。进一步推进金融业、服务业的开放；深化农业、采矿业等行业的开放，加快教育、医疗等领域的开放，实现高质量的"引进来"。二是进一步优化我国的营商环境。完善外商投资相关法规，对在中国境内注册的企业做到一视同仁、平等对待，营造市场化、法治化、国际化一流营商环境；依法保护外资企业的合法权益，严惩侵犯外商合法权益的行为，创造更有吸引力的投资环境。根据世界银行《全球营商环境报告》，我国的营商环境在逐步提升，营商环境全球排名由2014年的第96名提升至2020年的第31名。2021年9月16日，世界银行集团（WBG）高级管理层决定停止发布《全球营商环境报告》及相关数据，并宣布世界银行将研究一种新的方法评估商业和投资环境。世界银行新的《宜商环境评估体系》值得我们高度关注和重视，这对于我国进一步优化营商环境，进一步激发市场主体活力和动力，进一步推动经济高质量发展具有重要意义。三是积极推动中国企业高质量"走出去"。健全促进和保障境外投资的法律、政策和服务体系，坚定维护中国企业海外合法权益；推动建立多方位的境外投资安全体系，充分利用多边和双边机制，拓展国际经贸合作伙伴，为企业走出去营造更好的环境。

优化区域开放布局，建设对外开放新高地。一是立足各区域比较优势扩大开放，强化区域间开放联动。上海、江苏、浙江、广东等沿海地区在对外开放中保持着全国领先地位，要持续巩固东部沿海地区开放先导地位；中西部和东北地区开放水平还不够高，但随着陕西西咸新区、贵州贵安新区、四川天府新区、湖南湘江新区、江西赣江新区等的陆续成立、中欧班列的运行和西部陆海新通道建设，内地的开放也在不断扩大。二是充分利用自由贸易区优势，实施自由贸易区提升战略。自由贸易试验区是实现国内国际双循环新发展格局的重要开放平台。我国鼓励自由贸易试验区不断探索和创新，充分利用自贸区优势推动贸易和投资自由化、便利化，有效发挥自由贸易试验区、自由贸易港引领作用，推进更高起点的深化改革和更高层次的对外开放。积极构建面向全球的高标准自由贸易区，积极同"一带一路"共建国家和地区商建自由贸易区，进一步提高对外开放度。三是稳步推进自由贸易港建设。自由贸易港是设在一国（地区）境内关外、货物资金人员进出自由、绝大多数商品免征关税的特定区域，是当今世界最高水平开放形态的特殊经济功能区。我国积极推进自由贸易港建设，赋予更大的改革自主权，支持海南等地区大胆创新，积极融入全球经济合作和竞争当中，打造开放层次更高、营商环境更优、辐射作用更强的开放新高地。

稳慎推进人民币国际化，形成开放发展的金融市场。 随着中国对外开放水平不断提高和中国经济稳健发展，我国人民币国际化水平不断提高。根据中国银行业协会发布的《人民币国际化报告（2022—2023）》，2022 年，人民币在本币跨境支付总额中占比近 50%，已成为我国跨境收支第一大常用货币。2022 年，我国人民币跨境收付金额合计 42 万亿元，其中，经常项目 10.52 万亿元，资本项目 31.62 万亿元，证券投资收付金额占资本项目收付金额的 75%。人民币国际化基础设施进一步完善，人民币跨境支付系统（CIPS）在人民币跨境支付清算服务方面发挥更加重要的作用。截至 2022 年末，CIPS 系统共有参与者 1360 家，较 2021 年新增 101 家；全年 CIPS 系统累计处理支付业务 440 万笔，同比增长 31.7%。和"十三五"时期相比，"十四五"期间推进人民币国际化的基调从"稳步"变成了"稳慎"，"有序实现人民币资本项目可兑换"变成了"营造以人民币自由使用为基础的新型互利合作关系"，体现了人民币国际化进程要与国家综合实力、金融管理能力、货币质量、使用需求等相匹配。人民币国际化要坚持市场驱动和企业自主选择，坚持真实使用需求推动人民币国际化，这还需进一步完善人民币国际化的政策支持体系和基础设施互联互通，进一步推进金融市场双向开放。引导离岸人民币市场健康发展，为市场主体使用人民币营造更加便利和安全的环境。完善宏观审慎管理，进一步健全跨境资金流动的审慎管理框架，守住不发生系统性风险的底线。

2. 推动共建"一带一路"高质量发展

"一带一路"倡议自 2013 年提出以来，一大批合作项目落地生根，取得了重大成就。共建"一带一路"倡议，目的是聚焦互联互通，深化务实合作，携手应对人类面临的各项风险挑战，实现互利共赢、共同发展。

推进发展战略和政策对接，提升共建效率。共建"一带一路"的各个国家和组织，应坚持共商共建共享原则，秉持绿色、开放、廉洁理念，发挥政策对接在共建"一带一路"中的引领和催化作用；增进战略互信，积极加强宏观政策协调，推进战略、规划、机制对接，加强政策、规则、标准联通。共建"一带一路"的国家和组织应创新对接方式，积极推进已签文件落实见效，推动与更多国家商签投资保护协定、避免双重征税协定等；拓展规则对接领域，加强融资、贸易、能源、数字信息、农业等领域规则对接合作，加强海关、税收、监管等合作，推动实施更高水平的通关一体化，共同促进共建"一带一路"，倡议同区域和国际发展议程有效对接、协同增效。深化务实合作，秉持共商共建共享原则，推进实施共建"一带一路"科技创新行动计划，建设数字丝绸之路、创新丝绸之路，以科技创新驱动共同发展。

推进基础设施建设，提升互联互通水平。在推动"一带一路"建设中，将高质量、可持续、抗风险、价格合理、包容可及等目标融入基础设施的建设全过程中，充分发挥各国优势，高水平建设基础设施。以"六廊六路多国多港"为基本框架，推动陆海天网四位一体互联互通，构建以新亚欧大陆桥等经济走廊为引领，以中欧班列、陆海新通道等大通道和信息高速路为骨架，以铁路、港口、管网等为依托的互联互通网络，提高各国基础设施互联互通水平。当前，全球经济发展低迷，为推动经济复苏，各国更需要加强合作，推动"一带一路"基础设施建设向高质量发展。在共建"一带一路"中，要以互联互通为目标加强国际合作，优化风险与合规管控，改善"一带一路"共建国家和地区基础设施的发展环境；加快融资体系和机制创新，积极推动多元开放的国际基础设施金融服务体系的构建，发挥共建"一带一路"专项贷款、丝路基金等作用；加强科技创新，以科技创新促进"一带一路"共建国家和地区新型基础设施建设的发展，推动基础设施互联互通向高质量发展。

推动贸易合作，促进经济共同发展。国家统计局数据显示，在对外非金融类直接投资方面，2022年，中国对外非金融类直接投资额7859亿元，比

2021年增长7.2%，折合1169亿美元，增长2.8%。其中，对"一带一路"共建国家和地区非金融类直接投资额1410亿元，增长7.7%，折合210亿美元，增长3.3%。在对外贸易方面，全年货物进出口总额420678亿元，比2021年增长7.7%。其中，出口239654亿元，增长10.5%；进口181024亿元，增长4.3%。货物进出口顺差58630亿元，比2021年增加15330亿元。对"一带一路"共建国家和地区进出口总额138339亿元，比2021年增长19.4%。其中，出口78877亿元，增长20.0%；进口59461亿元，增长18.7%。对《区域全面经济伙伴关系协定》（RCEP）其他成员国进出口额129499亿元，比2021年增长7.5%。截至2022年底，中国已与17个国家签署"数字丝绸之路"合作谅解备忘录，与30个国家签署电子商务合作谅解备忘录，有力地促进了贸易的畅通。面向新发展阶段，我们需要持续推动共建"一带一路"，就必须积极推动与"一带一路"共建国家和地区贸易投资合作优化升级，坚持以企业为主体、市场为导向，深化国际贸易合作。一是持续推进开放合作关系构建，优化贸易结构。开放合作是"一带一路"发展的重要基点，坚持开放的贸易合作，有利于促进扩大贸易规模和结构持续优化，推进区域经济一体化，促进共建国家经济共同发展。二是加快创新驱动，培育贸易竞争新优势。要增强贸易创新能力，充分利用多双边合作机制，加强技术交流与合作，积极融入全球创新网络；加强品牌培育，提升产品质量，积极推动中国品牌走向世界。三是促进均衡协调，推动贸易可持续发展。积极推动服务贸易，持续放宽外资市场准入，推动贸易和双向投资有效互动；发展绿色贸易，严格控制高污染、高耗能产品进出口，推动贸易和环境可持续发展。

推动文明交流互鉴，打造人类命运共同体。在漫长的历史长河中，人类创造和发展了多姿多彩的文明，每一个国家和民族的文明都有自己的特色；各个国家和民族由于地域、历史、环境等不同，文化也有一定的差异性。我们应该维护各国各民族文明多样性，加强相互交流、学习、借鉴，而不应该相互隔膜、排斥、取代。习近平总书记多次对加强文明交流互鉴、推动构建人类命运共同体作出深刻阐述，充分彰显了中国坚持人类文明多样性、推进世界各国和平共处、合作共赢的坚定决心和真诚愿望。为推动文明交流互鉴，打造人类命运共同体，需进一步深化公共卫生、数字经济、绿色发展、科技教育、文化艺术等领域人文合作，加强不同群体组织的往来交流，形成多元互动的人文交流格局；加强应对气候变化、海洋合作、荒漠化防治等生态环境保护和修复的交流合作，推动建设绿色发展之路；积极开展医疗卫生和传染病防控合作，推动全球公共健康发展。各个国家和地区共同面临着卫生健康、生态环保、贫富差距等全球公共议题，应对军备竞争、难民危机、气候变化、恐怖主义、网络安全等不断冒出的全球性挑战，任何国家都不能独善其身，而应该选择交流互鉴，打造人类命运共同体。

3. 积极参与全球经济治理体系改革

党的十八大以来，中国始终积极参与全球治理、推进全球治理体制变革，推动全球治理体系朝着更加公正合理的方向发展。面对百年未有之大变局的加速演进，积极参与全球经济治理体系变革为我国经济发展和提升国际话语权带来了新的机遇。

坚持平等协商、互利共赢原则，维护和完善多边贸易体制。坚定维护多边贸易体制是中国推动高水平对外开放的重要内容。维护和完善多边贸易体制，要始终坚持平等协商、互利共赢的原则，这是世界繁荣发展的根本保证。一要大力支持以世界贸易为核心的多边贸易体制。随着世界经济格局的演变，单边主义、保护主义等势力有所抬头，经济全球化遭遇逆流。我国作为负责任的大国，一直是多边贸易体制的积极参与者、坚定维护者和重要贡献者。自加入世界贸易组织（WTO）以来，我国一直积极融入世界贸易体系，努力推动全球贸易投资的自由化、便利化，深度参与经济全球化进程。我国积极支持世界贸易组织改革，坚决维护发展中国家成员地位，推进贸易创新发展，坚决做全球自由贸易体系的维护者；积极参与多双边的贸易合作机制，推进区域和双边自由贸易协定，发挥中国在推动全球经济治理体系改革中的积极作用。二要积极推动新兴领域经济治理规则制定，提高参与国际金融治理能力。我国要充分发挥国际经济合作功能，加强国际宏观经济政策的沟通协调；深化金砖国家经济合作，不断提升金砖国家合作机制影响力；搭建国际合作平台，提升国际应对突发事件的处理能力，共同维护全球产业链供应链稳定畅通、全球金融市场稳定。

积极推动区域经济发展，构建高标准自由贸易区网络。在世界经济下行背景下，构建面向全球的高标准自由贸易区网络，对于畅通国内国际双循环的新发展格局和推动全球经济治理体系变革具有重要意义。2021年11月2日，《区域全面经济伙伴关系协定》（RCEP）保管机构东盟秘书处发布通知，宣布文莱、柬埔寨、老挝、新加坡、泰国、越南等6个东盟成员国和中国、日本、新西兰、澳大利亚等4个非东盟成员国已向东盟秘书长正式提交核准书，达到协定生效门槛。根据协定规定，RCEP于2022年1月1日对上述十国开始生效。我国要以此为构建高标准自由贸易区网格的新起点，积极推动RCEP实施，促进区域贸易和投资增长，稳步促进亚太自贸区建设，并为全球经济发展作出贡献。在这过程中，结合我国发展水平和治理能力，加快构建立足周边、辐射"一带一路"、面向全球的高标准自贸区网络。

五、保障和改善民生没有终点

我国经济发展的"蛋糕"不断做大，共享发展理念注重解决新时代我国发展过程中的社会公平正义问题。

（一）准确把握共享发展的内涵和意义

共享发展，是将我国经济发展的物质文明成果和精神文明成果与全民共享，将实现共同富裕作为发展的目标和归宿。党的十八届五中全会提出，坚持共享发展，必须坚持发展为了人民、发展依靠人民、发展成果由人民共享。人民对美好生活的向往就是党的奋斗目标，经济发展的根本目的是保障和改善民生。

新中国成立以后，中国共产党带领中国人民持续奋斗，生活水平不断提高，生活条件不断改善。在2021年全国脱贫攻坚总结表彰大会上，习近平总书记强调，经过全党全国各族人民共同努力，在迎来中国共产党成立一百周年的重要时刻，我国脱贫攻坚战取得了全面胜利，现行标准下9899万农村贫困人口全部脱贫，832个贫困县全部摘帽，12.8万个贫困村全部出列，区域性整体贫困得到解决，完成了消除绝对贫困的艰巨任务。城乡居民的可支配收入也在稳步上升，居民收入增长与经济增长基本同步。基本养老保险参保人数增加 1.4 亿、覆盖 10.5 亿人，基本医保水平稳步提高。取得脱贫攻坚的伟大成就，就是共享发展理念最为生动的写照。

共享发展，是中国特色社会主义的本质要求。坚持共享发展，是以人民为中心、让广大人民群众共享发展成果的体现，反映了我国发展壮大的出发点和落脚点，是中国特色社会主义制度优越性的体现，是全心全意为人民服务根本宗旨的体现，是实现共同富裕的重要路径。

（二）贯彻落实共享发展的主要着力点

共享发展理念体现了共同富裕这一社会主义本质要求，在推进共同富裕的进程中，必须坚持贯彻落实共享发展理念，推动经济高质量发展，促进发展成果由人民共享。

1. 提高就业质量和收入水平，推动共同富裕

失业不仅会对个人和家庭带来不利影响，也会给整个社会带来消极的影响。就业是最大的民生，党的十九大提出的"提高就业质量和人民收入水平"，充分体现了我国以人民为中心的发展思想。

强化就业优先政策，提升我国就业质量。 持续推进积极的就业促进政策，千方百计增加就业岗位，扩大就业容量，提升就业质量。一要保持当前就业规模和形势的稳定。面对经济增速放缓、外部环境复杂多变等多重因素冲击，要持续坚持将就业摆在"六稳""六保"首位，深入实施就业优先政策，通过财政政策和货币政策等宏观调控政策支持稳就业，对困难企业和特殊群体进行帮扶，保持就业基本盘的稳定。二要积极发展新就业形态，完善促进创业带动就业、多渠道灵活就业的保障制度。随着互联网、人工智能等新技术新业态新模式的发展，一些传统的工作岗位消失，新业态催生的新职位成为吸纳就业的重要渠道。比如网约车司机、外卖员、快递员、网络平台运营等新业态就业者的数量大幅增加。随着新业态就业者数量增加，落实新就业形态劳动者权益保障政策也越发重要。三要着力促进高校毕业生、农民工、残疾人等重点群体就业。近年来，随着我国对教育投入和人们对教育的重视程度不断增加，我国高校毕业生人数屡创新高，稳定和促进大学生就业创业是就业工作的重中之重，要通过各项政策支持保障高校大学生就业创业；健全统筹城乡的就业政策体系，着力促进农民工就业，确保进城务工人员的生活得到保障；扩大公益性岗位安置，帮助特殊人群就业缓解残疾人等特殊人群就业难的压力。四要加强适应时代发展的劳动技能培训，大规模开展重点群体、重点行业培训，缓解因劳动力市场的结构特征与社会对劳动力需求不适配导致的结构性失业。五要保障劳动者的合法权益。完善劳动者待遇和权益的保障机制、劳动关系的协调机制；全面推行劳动合同制度，杜绝非法或灰色雇佣；打击虚假招聘、"黑职介"等违法违规行为，及时有效地处理劳动人事争议案件。

提高人民收入水平，积极促进共同富裕。一是提高劳动生产率。要实现长期可持续的收入提高，必须提高劳动生产率。通过完善社会主义市场经济体制、提高劳动者的技术熟练程度和科学文化水平、培养实用型人才、提高生产管理水平等途径提高劳动生产率。二是多渠道共同发展，促进人民增收。抓产业发展促增收，做大做强主导产业，做优县域特色产业，培育壮大龙头企业；抓就业创业促增收，促进农业、高层次人才等创业；抓盘活资产促增收，加大资源整合、资产盘活力度；抓科技创新促增收，积极把握新一轮科技革命和产业革命，推动我国产业迈向中高端，通过科技创新引领经济发展和人民增收。三是完善收入分配制度，扩大中等收入群体。中等收入群体是经济发展、社会稳定的关键力量。完善收入分配制度，需对初次分配、再分配和三次分配进行深入的改革与完善。提高劳动报酬在初次分配中的比重，健全各类生产要素参与分配机制；完善再分配调节机制，合理调节过高收入，取缔非法收入；发挥第三次分配作用，发展慈善事业，改善收入和财富分配格局，从根本上缓解收入分配不均问题。在我们党的坚强领导下，我国"稳就业""保就业"工作取得了一系列成就，整体就业形势保持总体稳定。根据人力资源和社会保障部统计数据，2022 年，全年城镇新增就业 1206 万人，全国城镇失业人员再就业人数为517 万人，就业困难人员就业人数为 177 万人，为经济发展提供了基本的支撑。

2. 建立高质量教育体系，保障人民群众受教育水平

教育强则国家强，建设高质量教育体系是坚持共享发展的必然要求，也

是构建新发展格局的基础环节、实现 2035 年远景目标的关键举措。我们要全面贯彻党的教育方针，坚持立德树人，加强师德师风建设，培养德智体美劳全面发展的社会主义建设者和接班人。

健全学校家庭社会协同育人机制。青少年的成长与学校、家庭、社会密切相关，建设高质量教育体系，学校、家庭、社会都应当积极承担应有的责任。首先，学校方面，要提升教师教书育人素质，落实立德树人，牢固树立良好师德师风；教师群体要提升教书育人能力，做到应教尽教，强化学校教育主阵地作用。其次，家庭方面，要加强家庭教育，提升家长教育水平，建立好家规，树立好家风。各地市应根据本地市情况，推出加强家庭家教家风建设相关的具体实施意见，强化家庭教育责任。最后，社会方面，要积极为青少年营造良好的成长环境。健全协同育人机制，需加强家校联系，共促学生健康成长，增强学生文明素养、社会责任意识、实践本领，培养德智体美劳全面发展的社会主义建设者和接班人。

深化教育改革，促进教育公平。一是夯实高质量教育体系根基，完善基本公共服务制度体系。保障每一个青少年平等的受教育权，可以享受公平的教育，为日后发展提供基础。积极推动义务教育均衡发展和城乡一体化，完善普惠性学前教育和特殊教育、专门教育保障机制，鼓励高中阶段学校多样化发展。二是加大人力资本投入，大力培养技术型人才。加强职业教育和再就业培训，增强职业技术教育适应性，探索中国特色学徒制，大力培养技术技能人才。三是提高高等教育质量，培养适应新时代发展需求的人才。要分类建设一流大学和一流学科，加快培养专业人才，尤其是理工农医类专业紧缺人才；加强基础研究型、创新型、应用型、技能型人才培养。四是创新教育服务业态。在支持和规范民办教育发展、规范校外培训机构的同时，积极推动教育服务业态的创新，推进教育治理方式变革。

完善终身学习体系，建设学习型社会。一是积极引导学习观念的转变。学习不仅局限于正规学校学历教育，也不仅服务于青少年儿童。人从幼年到老年，都应该保持学习的态度。二是积极构建终身学习体系。充分发挥在线教育优势，构建方式灵活、资源丰富、学习便捷的终身学习体系。持续推进在线教育和培训、老年大学等。

3. 全面实施健康中国行动，保障人民群众健康生活

健康是促进人的全面发展的必然要求，是经济社会发展的基础条件，是民族昌盛和国家富强的重要标志，也是广大人民群众的共同追求。要坚持把保障人民的健康放在优先发展的位置，深入实施健康中国行动，为人民提供全方位全周期的健康服务。

坚持预防为主。 改革疾病预防控制体系，一是为人民提供更加健康安全的生活环境，实施食品安全战略，让人民吃得放心；加强对生态环境的保护，让人民住得舒心。二是加强健康理念的普及，重视精神卫生和心理健康，倡导健康文明生活方式；完善国民健康促进政策，为人民提供全方位全周期健康服务。三是改革疾病预防控制体系，完善全民健身公共服务体系，加快发展健康产业；强化监测预警、流行病学调查、应急处理等职能，改善疾控的基础条件，强化基层公共卫生体系。

加快推进医疗卫生体制改革。 健全的制度是医疗卫生体系健康有序运行的根本保障，推进医疗卫生体制改革，应建立稳定的公共卫生事业投入机制，加快优质医疗资源扩容和区域均衡布局，加快建设科学高效的分级诊疗体系；充分利用发挥科技力量，发展高端医疗设备，利用远程医疗、互联网问诊等扩大诊疗范围，打破就医壁垒；健全现代医院管理制度，加强公立医院建设和管理考核，推进国家组织药品和耗材集中采购使用改革；完善突发公共卫生事件监测预警处置机制，创新医防协同机制。

建立优质高效的服务体系。 加强基层医疗卫生服务体系建设，增加基层医疗卫生机构数量、医疗卫生床位数量、医疗卫生人员数量，提升基层医疗卫生机构的网络建设，保障基层医疗配套和服务能力；在提升医疗水平的同时强化医德医风建设，提高医务人员的职业道德素质，提高医疗服务的质量；既重视保障患者和医务人员的利益，构建和谐医患关系，在社会中营造尊医重卫的良好风气；坚持中西医并重，传承发展中医药事业；提升健康教育、慢病管理和残疾康复服务质量。

建立积极应对人口老龄化战略。 一是制定人口长期发展战略，优化生育

政策，促进生育政策和相关经济社会政策配套衔接，加强人口发展战略研究。提高优生优育服务水平，发展普惠托育服务体系，降低生育、养育、教育成本。完善妇幼健康保障体系，继续加强妇幼健康服务体系建设，促进县级妇幼保健院升级建设，健全危重孕产妇和新生儿救治网络。二是积极开发老龄人力资源，发展银发经济。健全基本养老服务体系，构建养老、孝老、敬老政策体系和社会环境，推动养老事业、产业协同发展，发展普惠型养老服务和互助型养老，支持家庭承担养老功能，构建居家社区机构相协调、医养康养相结合的养老服务体系，健全养老服务综合监管制度。

4. 健全社会保障和治理体系，实现社会长治久安

社会保障和社会治理是社会稳定器，与人民幸福生活息息相关。实现社会保障体系和治理能力现代化，对调节收入分配、维护社会稳定、促进经济社会健康发展具有深远意义。

健全多层次社会保障体系。建立可持续多层次的社会保障体系，要坚持全覆盖、保基本、多层次、可持续的基本方针，按照兜底线、织密网、建机制的基本要求，实现覆盖全民、城乡统筹、权责清晰、保障适度、可持续的奋斗目标，推动经济社会向高质量、高效率、更公平、可持续的方向发展。一是健全社会保险制度。全面实施全民参保计划，提高社会保险的覆盖率，包括实现社会保险法定人群全覆盖，提升失业险、工伤保险、企业年金等覆盖率；健全养老保险制度体系，发展多层、多支柱的养老保险体系，实施渐进式延迟法定退休年龄，促进基本养老保险基金长期平衡，完善划转国有资本充实社保基金制度，优化做强社会保障战略储备基金；加强城乡统筹，推进社保转移接续，实现基本养老保险全国统筹，基本医疗保险、失业保险、工伤保险省级统筹；促进社会保障体系公平统一，提升保障水平，完善城镇职工基本养老金合理调整机制，逐步提高城乡居民基础养老金标准。二是优化社会救助和慈善制度。多层次多角度优化社会救助体系，健全分层分类的社会救助、基本生活救助、专项救助等救助格局，加强城乡救助体系统筹、强化急难社会救助功能、发展服务类社会救助；完善慈善制度，完善财税等激励政策，进一步促进慈善事业发展；规范发展网络慈善平台，加强彩票和公益金管理。

三是健全退役军人工作体系和保障制度。退役军人的安置和保障方面，完善退役军人事务组织管理体系、工作运行体系和政策制度体系，提升退役军人服务保障水平；加大退役军人的教育培训和就业扶持力度，扩大退役军人就业范围和提升就业安置质量；建立健全新型待遇保障体系，完善和落实优抚政策；完善离退休军人和伤病残退役军人移交安置、收治休养制度；加强退役军人保险制度衔接。从社会的感化方面，要大力弘扬英烈精神，加强烈士纪念设施建设和管护，建设军人公墓；深入推动双拥模范城（县）创建。四是加强保障性住房建设。改善低收入者的居住条件，持续推进保障性住房建设，坚持房子是用来住的，不是用来炒的，实现人人住有所居。

完善和创新社会治理。党的十九届六中全会指出，在全面深化改革开放上，党不断推动全面深化改革向广度和深度进军，中国特色社会主义制度更加成熟更加定型，国家治理体系和治理能力现代化水平不断提高，党和国家事业焕发出新的生机活力。现在，党团结带领中国人民又踏上了实现第二个百年奋斗目标新的赶考之路，我们要进一步加强和创新社会治理。一是完善社会治理体系。健全党组织领导的自治、法治、德治相结合的城乡基层治理体系，完善基层民主协商制度，实现政府治理同社会调节、居民自治良性互动，建设人人有责、人人尽责、人人享有的社会治理共同体。二是发挥群团组织和社会组织在社会治理中的作用。畅通和规范市场主体、新社会阶层、社会工作者和志愿者等参与社会治理的途径；加强城乡社区治理和服务体系建设，加强基层社会治理队伍建设，推动社会治理重心向基层转移，构建网格化管理、精细化服务、信息化支撑、开放共享的基层管理服务平台。三是加强和创新市域社会治理，推进市域社会治理现代化。优化市域社会治理的体系，让市域治理成为社会治理的重要战略支点，加快实现市域社会治理体系和治理能力现代化；要以人民为中心，真正解决市域社会治理"最后一公里"问题；精准识别社会治理风险，处理好安全与发展的关系，大力提升市域社会治理能力。此次抗击新冠疫情，是对我国国家治理体系和治理能力的重大考验，促使我们党和国家加快推进市域社会治理现代化的步伐。

第四章

加快构建
新发展格局

2020 年 4 月，习近平总书记在十九届中央财经委员会第七次会议上首次提出构建新发展格局的重要思想，此后，又作出一系列重要指示批示。特别是党的十九届五中全会对构建以国内大循环为主体、国内国际双循环相互促进的新发展格局作出战略部署，明确了主攻方向和重要着力点。

一、构建新发展格局的深刻内涵

准确把握加快构建以国内大循环为主体、国内国际双循环相互促进的新发展格局的科学内涵，关键要深刻理解构建新发展格局的时代背景、理论逻辑和核心要义。

（一）提出构建新发展格局的背景

构建以国内大循环为主体、国内国际双循环相互促进的新发展格局，是根据我国发展阶段、环境、条件变化，特别是基于我国比较优势变化，审时度势作出的重大决策。构建新发展格局是事关全局的系统性、深层次变革，是立足当前、着眼长远的战略谋划。我们要从全局和战略的高度准确把握加快构建新发展格局的战略构想。

从根本上说，构建新发展格局是适应我国发展新阶段要求、塑造国际合作和竞争新优势的必然选择。改革开放前，我国经济以国内循环为主，进出口占国民经济的比重很小。改革开放后，我们打开国门，扩大对外贸易和吸引外资。特别是 2001 年加入世贸组织后，我国深度参与国际分工，融入国际大循环，形成市场和资源"两头在外"的发展格局，对我们抓住经济全球化机遇，快速提升经济实力、改善人民生活发挥了重要作用。

2008 年国际金融危机是我国发展格局演变的一个重要分水岭。面对严重的外部危机冲击，我们把扩大内需作为保持经济平稳较快发展的基本立足点，推动经济发展向内需主导转变，国内循环在我国经济中的作用开始显著上升。党的十八大以来，我们坚持实施扩大内需战略，使发展更多依靠内需特别是消费需求拉动。我国对外贸易依存度从 2006 年峰值的 64% 下降到 2022 年的约 35%，经常项目顺差占国内生产总值比重由最高时的 10% 以上降至目前的 1% 左右，内需对经济增长的贡献率有 7 个年份超过 100%。我们提出构建新发展格局，是对我国客观经济规律和发展趋势的自觉把握，是有实践基础的。

未来一个时期，我国国内市场主导经济循环的特征会更加明显，经济增长的内需潜力会不断释放。从需求看，我国拥有十四亿多人口，其中有四亿多中等收入人群，我国消费品零售总额长期位居世界前列，今后还有稳步增长空间。从供给看，我国基于国内大市场形成的强大生产能力，能够促进全球要素资源整合创新，使规模效应和集聚效应最大化发挥。只要顺势而为、精准施策，我们完全有条件构建新发展格局、重塑竞争新优势。

第一，构建新发展格局是把握发展主动权的先手棋，不是被迫之举和权宜之计。从国际比较看，大国经济的特征都是内需为主导、内部可循环。我国作为全球第二大经济体和制造业第一大国，国内经济循环同国际经济循环的关系客观上早有调整的要求。这是我们提出构建新发展格局的首要考虑。在当前国际形势充满不稳定性不确定性的背景下，立足国内、依托国内大市场优势，充分挖掘内需潜力，有利于化解外部冲击和外需下降带来的影响，也有利于在极端情况下保证我国经济基本正常运行和社会大局总体稳定。

第二，构建新发展格局是开放的国内国际双循环，不是封闭的国内单循环。我国经济已经深度融入世界经济，同全球很多国家的产业关联和相互依赖程度都比较高，内外需市场本身是相互依存、相互促进的。以国内大循环为主体，绝不是关起门来封闭运行，而是通过发挥内需潜力，使国内市场和国际市场更好联通，以国内大循环吸引全球资源要素，更好利用国内国际两个市场两种资源，提高在全球配置资源能力，更好争取开放发展中的战略主动。我国开放的大门不会关闭，只会越开越大。要科学认识国内大循环和国内国际双循环的关系，主动作为、善于作为，建设更高水平开放型经济新体制，实施更大范围、更宽领域、更深层次的对外开放。

第三，构建新发展格局是以全国统一大市场基础上的国内大循环为主体，不是各地都搞自我小循环。党中央作出构建新发展格局的战略安排，提出以国内大循环为主体，是针对全国而言的，不是要求各地都搞省内、市内、县内的自我小循环。各地区要找准自己在国内大循环和国内国际双循环中的位置和比较优势，把构建新发展格局同实施区域重大战略、区域协调发展战略、主体功能区战略、自由贸易试验区建设等有机衔接起来，打造改革开放新高地，不能搞"小而全"，更不能以"内循环"的名义搞地区封锁。有条件的地区可以率先探索有利于促进全国构建新发展格局的有效路径，发挥引领和带动作用。

（二）新发展格局的主要含义

准确把握新发展格局的科学内涵，要从国内大循环、国际循环以及两者之间的辩证关系来深刻领会构建新发展格局的核心要义。

1.国内大循环

国内大循环主要是指经济大循环，重点包括三个层面的内涵。

一是国民经济活动的大循环，主要是指社会再生产全过程，即生产、分配、流通、消费的国民经济活动往复循环。其中，生产是起点，包括简单再生产和扩大再生产，在国民经济活动中处于决定性地位。分配是连接生产和消费的桥梁，包括对劳动者的补偿和生产资料的增加，是生产关系的重要体现；社会再生产的协调顺利发展，客观上要求将生产资料和劳动力等社会资源按照一定比例合理分配到国民经济的各个部门。流通是生产和消费的纽带，既包括交通、物流、商贸等传统小流通，也包括金融、征信、通信等支撑资金、信息流动的现代大流通。消费是社会生产的终点，也是新一轮再生产的起点。马克思指出，从根本上说，生产决定消费，消费反过来会对生产起作用。作为社会再生产的最终环节，消费是经济活动的最终目的，一切经济活动归根结底都是为了满足需求而进行的。社会再生产的核心问题是社会总产品的实现，即各种产品通过交换后，既要在价值上得到补偿，又要在实物上得到替换。

二是实体经济和金融协调发展的大循环。实体经济是国民经济的根基，金融是实体经济的血脉。从社会再生产过程看，经济大循环必然是实物运动循环和价值运动循环的结合，是实体的商品生产、分配、流通、消费过程与货币资金运动在社会再生产全过程中的合理分配、流动循环相结合的过程。金融与实体经济良性互动、良性循环，是国家金融稳定和金融安全的基础，也是实现国民经济可持续发展的保障。如果实体商品生产和服务的社会再生产过程同货币运动脱节，经济大循环就会不流畅甚至断裂，难以实现持续健康发展。

三是在国内地域空间范围的大循环。构建新发展格局是对国家发展的整体格局而言的，是国内生产分工、合作、统一市场的大循环。由于各个地区资源禀赋、要素条件、发展阶段等存在差异，不可能什么都自己做，放弃分工和合作，只有发挥比较优势，积极参与社会再生产过程的分工和合作，才能够较好地实现经济发展。特别是在当今社会分工日益深化的条件下，经济大循环必然体现为社会再生产在地域空间意义上的循环，包括国内城乡和区域间的循环，形成优势互补、协调联动的城乡区域发展体系。

2. 国际循环

在全球化背景下，经济大循环必然包含于全球地域空间范围内各环节、各领域、各层次的国际循环，主要是指一个国家和地区通过发挥自身比较优势，参与国际分工和合作，实现经济发展的一个过程。比如，在改革开放后相当长的一段时期，我国发挥劳动力丰富、成本低的优势，通过设立经济特区和经济技术开发区等方面积极引进外资、先进技术和管理经验，承接国际产业转移，参与全球经济分工与合作，形成了资源和市场"两头在外"、大进大出的国际大循环格局，成为"世界工厂"，有力促进了经济快速发展。

3. 以国内大循环为主体、国内国际双循环相互促进

加快构建新发展格局是推动高质量发展的战略基点，是把握未来发展主动权的战略部署，涉及方方面面。构建新发展格局，推动高质量发展，需要重点把握好以下两点。

一是统筹扩大内需和深化供给侧结构性改革，增强国内大循环的动力和

可靠性。构建新发展格局的关键在于实现经济循环的畅通无阻，主要取决于供给和需求两端是否动力强劲、总体匹配，动态平衡、良性互动。这就需要把扩大内需战略同深化供给侧结构性改革有机结合起来，供需两端同时发力、协调配合，形成需求牵引供给、供给创造需求的更高水平动态平衡，实现国民经济良性循环。一方面，要充分发挥我国内需市场作用。我国已经成为全球第二大经济体和制造业第一大国，国内经济循环同国际经济循环的关系客观上早有调整的要求。必须坚持充分发挥超大规模市场优势，市场范围决定分工广度和深度，超大规模的国内市场给我国经济发展带来显著的规模经济优势、创新发展优势和抗冲击能力优势。另一方面，要坚持以深化供给侧结构性改革为主线。经济发展最终靠供给推动，从长期看是供给创造需求。发展永无止境，供给端质量提升和结构升级也永无止境。党的十八大以来，我国经济发展进入新常态，面临"三期叠加"的复杂局面，前期大规模经济刺激政策不可避免地造成产能过剩、债务累积、成本上升等问题，人口、劳动力、技术等影响长期发展的供给侧要素发生深刻变化，经济运行主要矛盾从总需求不足转变为供给结构不适应需求结构的变化，矛盾的主要方面转到供给侧。深化供给侧结构性改革，必须重点围绕去产能、去库存、去杠杆、降成本、补短板五大重点任务，通过大力推动"破、立、降"使供需结构失衡得到矫正。具体来看，以国内大循环为主体不仅仅是简单的数量对比关系，主要是指一个国家对社会生产过程具有较强的主导权和控制力，包括在一些重要的产业发展、资源供应等方面做到安全可控。从国际上看，主要大国经济体都是以国内大循环为主体，国际循环只是国内循环的延伸和补充。比如，美国、德国、日本等大型经济体都是以国内经济循环为主体，其国内需求对 GDP（国内生产总值）的贡献率都在 70% 以上，产业结构以知识技术密集型为主导，产业分工以研发设计、高端制造和品牌运营为主，对产业链的关键环节控制力较强。

　　二是推进高水平对外开放，提升国际循环质量和水平。我们要依托我国超大规模市场优势，以国内大循环吸引全球资金、技术、人才等优质要素和产品，既要把优质存量外资留下来，还要把更多高质量外资吸引过来，提升贸易投资合作质量和水平。要发挥好开放对拓展循环空间的作用，深度参与全球产业分工和合作，维护多元稳定的国际经济格局和经贸关系，与外部世界良性互动，打破外部对我国的围堵打压。要发挥我国产业配套能力强、部分产业国际领先的优势，积极参与推动全球和区域产业链供应链优化布局，建立更为紧密的经济联系。重点要推动共建"一带一路"高质量发展，在经济上走出去的同时，全方位提升国家的综合竞争能力。

国内国际双循环相互促进是指国内生产和国际生产、内需和外需、引进外资和对外投资等协调发展，国际收支基本平衡，形成相得益彰、相辅相成、取长补短的关系。重点要处理好供给和需求、国内和国际、自主和开放、发展和安全等重要关系，立足国内大循环，发挥比较优势，充分利用两个市场、两种资源，畅通生产、分配、流通、消费各环节的循环，同时积极创新参与国际分工与合作的方式，深度融入全球经济，不断拓展经济发展新空间。

4. 深刻理解新发展格局的核心要义

构建新发展格局，是以国内大循环为主体，通过发挥内需潜力，使国内市场和国际市场更好联通，更好利用国际国内两个市场、两种资源，实现更加强劲可持续的发展。

以国内大循环为主绝不是关起门来搞封闭运行。在经济全球化的时代背景下，经济大循环必然是包含在全球地域空间范围内的循环。以国内大循环为主体绝不是指国际循环不重要或者国际循环重要性下降了，而是要更好发挥我国超大规模市场优势，进一步提升开放水平，构建更加开放的国内国际双循环。改革开放40多年的经验表明，用好国际市场、资源和规则，对国内发展和改革能够起到巨大的促进作用。我国经济无论成长到什么时候，都要在世界经济的汪洋大海中游泳和搏击。当前，一些国家保护主义和单边主义盛行，但从长远看，经济全球化仍是历史潮流，各国分工合作、互利共赢仍是趋势。要站在历史正确的一边，在高水平对外开放中促进发展、改革和创新。要通过融入国际循环促进国内循环，用好超大规模市场优势扩大进口，促进高质量利用外资，加强科技领域开放合作，提升国内供给质量，推动供需平衡畅通，让我国经济在开放中欣欣向荣。

国内大循环和国际循环是相互依存、相互促进的关系，二者缺一不可，是不可分割的统一整体。国内大循环是双循环的主体，国内大循环越强大、越顺畅，就越能牢牢把握发展主动权，越能形成对全球资源要素的引力场，促进国际循环畅通；国际循环是双循环的重要组成部分，只有全面融入国际循环，才能以开放倒逼改革、促进发展，提高国内大循环质量，两者共同形成国民经济循环畅通的动力环。

（三）我国构建新发展格局的主要优势与制约因素

改革开放 40 多年来，我国已经具备构建以国内大循环为主体、国内国际双循环相互促进的新发展格局的诸多优势和有利条件，同时仍存在一些制约因素。

1. 构建新发展格局的主要优势

一是强大的国内市场初步形成。党的十八大以来，我国经济保持稳步增长，经济总量稳居世界第二。我国社会消费品零售总额实现较快增长，年均增速达 10.5%，扣除物价上涨因素，年均实际增速为 9.2%，2019 年突破 40 万亿元，成为全球第二大商品零售市场，是汽车、手机等成百上千种产品的全球最大消费市场。截至 2022 年，我国汽车销量连续 14 年蝉联全球第一，手机、个人电脑、电视等消费电子产销规模均居世界第一。从发展趋势看，我国已拥有 4 亿多中等收入群体，且规模持续扩大，未来居民消费不仅有量的持续扩张，而且更具多样化、个性化、品质化特征，消费市场发展潜力巨大。同时，我国正处在新型工业化、信息化、城镇化、农业现代化深入发展阶段，扩大有效投资、优化投资结构的空间很大。2022 年我国常住人口城镇化率为 65.22%，仍有较大上升空间，这将会带动相关投资和消费增长。在工业化方面，尽管我国进入工业化中后期，但新型工业化不断深化，推动产业转型升级、发展战略性新兴产业蕴含巨大的投资潜力。另外，补短板强弱项、加快新型基础设施建设等也为扩大有效投资拓展了较大空间。

二是生产制造能力强大，产业配套体系齐全。我国通过参与国际大循环充分释放了经济发展活力，快速从一个农业国跃升为世界制造业第一大国，建立起门类齐全、规模庞大、配套完整和具有较高技术水平的产业体系，强大且多层次的生产制造能力和完善的产业配套体系为国内大循环的形成奠定了良好基础。"从产业门类看，我国拥有 41 个大类、207 个中类、666 个小类工业行业生产能力，涵盖劳动密集型、资本密集型、知识密集型和技术密集型等全部产业类型，是全球唯一拥有联合国产业分类中所列全部工业门类的国家。从产业规模看，我国制造业增加值自 2010 年起已经连续 10 年稳居世界第一，2019 年制造业增加值占全球比重达 27.9%。"[①] 在 500 多种工业品中有 200 多种产品产量位居全球第一。根据《财富》杂志发布 2022 年世界 500 强企业名单，我国上榜公司数量达到 145 家，连续三年超过美国，排名世界第一。从产业配套看，我国产业发展基础设施日益完善，园区平台载体逐步增多，检验检测、计量、标准、认证认可等公共服务能力逐步提高，物流和供应链体系逐步完善，5G、人工智能、工业互联网、物联网等新型基础设施和产业服务平台加快发展，为传统产业升级和新兴产业发展提供了良好的配套支撑。

三是要素条件雄厚充裕。从劳动力资源看，我国有约 9 亿劳动力，有 1.7 亿受过高等教育和拥有专业技能的人才，每年大学毕业生 1000 多万，人力资源积累已达到较高水平，科技人力资源总量接近 1 亿人。丰富的人力资源为经济高质量发展增添了新动能，成为引领国内大循环的人才支撑。从资金供给看，我国已拥有世界上最大的银行体系，已成为全球第二大股票市场、第二大债券市场、第二大保险市场，外汇储备规模多年居全球第一，愈加强大的资本市场和外汇储备为构建新发展格局提供了坚实的资本支撑。从基础设施看，我国形成了以"十纵十横"综合运输大通道为主骨架，综合交通枢纽为支点，铁路、公路、水运、航空、管道等运输方式门类齐备的综合交通网络。截至 2023 年底，我国高速铁路营业里程达到 4.5 万公里，高速公路通车里程 17.7 万公里，稳居世界第一。与此同时，我国还拥有服务能力强大的物流系统、高度发达的通信网络、规模庞大的能源生产输送网络，以及水利设施和城市市政设施，各类基础设施组成的一张张"小网"以及彼此之间衔接联动形成的一张基础设施"大

---

① 王昌林：《新发展格局》，中信出版集团 2021 年版，第 14 页。

网"支撑了各类资源要素的高效流转。当前，以互联网、人工智能、区块链为代表的新型基础设施建设加快，与传统基础设施比翼双飞、一道发力，形成了"新基建"与"老基建"深度融合发展的总体格局。日趋完善的基础设施网络体系，大幅提升了供给需求的对接效率，有效降低了经济社会发展的边际成本，为构建双循环新发展格局提供了强大的交通运输保障。

四是创新能力大幅提升。我国科技整体实力显著增强，创新能力建设成效突出，科技创新在畅通循环中发挥着越来越重要的作用。从科技研发看，2022年我国研发经费支出占国内生产总值的比重为2.54%，超过东亚与太平洋地区、欧盟的平均水平，发明专利授权量居世界首位，国际科技论文数量和国际科技论文被引次数均位居世界第二，科学与工程类人才规模大、增速快，科技创新所需各类要素充沛。我国科技成果质量不断提高，在科学前沿取得了一批标志性、引领性重大原创成果，在战略领域攻克了一批关键核心技术，正在进入成果爆发阶段，科技创新国际领先显露曙光。从产业技术看，我国与发达国家的差距不断缩小，与过去难以望其项背相比，现在在多个领域已进入并跑甚至领跑阶段。比如在5G国际标准立项中我国企业占40%以上，涌现一大批具有国际影响力的创新领军企业和科技型中小企业，部分高新技术产业进入世界前列。我国有33家企业入选2020年全球独角兽公司百强榜单，19家企业进入2020年全球最有价值的100大科技品牌，知识密集型产业增加值的全球份额超过20%。从创新、创业、创造生态看，我国形成了以中关村、深圳为代表的一批创新集聚区，为创新驱动发展提供了有力支撑。我国的超大规模市场和完备的产业体系，为新技术提供了广阔的市场应用场景，有助于其快速大规模应用和迭代升级，电子商务、共享经济等新业态新模式蓬勃发展。中国人民具有勤劳勇敢的创新基因，全社会创新精神勃发、创新文化浓厚。我国创新能力的大幅提升为畅通国内大循环提供了强大动力和支撑，也为塑造我国在国际大循环中的重要地位奠定了坚实基础。

五是社会主义市场经济体制不断完善。我国始终坚持在社会主义制度下发展市场经济，不断深化对市场和政府作用关系的理论认识并在实践中更好地处理两者关系，为构建双循环新发展格局提供了良好的制度保障。

从生产环节看，产权保护法治体系更加完善，确立了全国统一的市场准入负面清单制度，通过优化调整国有经济战略布局，持续深化国企国资改革，着力健全民营经济发展环境，各类市场主体活力和素质明显提升，为加快构建双循环新发展格局奠定了坚实的微观基础。从分配环节看，劳动、资本、土地、知识、技术、管理、数据等生产要素由市场评价贡献、按贡献决定报酬的机制逐步完善，劳动报酬在初次分配中的比重稳步提高，有助于强化国民经济循环的内生动能。从流通和市场体系建设看，加快推进要素市场化配置改革，持续深化土地、户籍等制度改革，健全资本市场，促进要素在不同性质主体和城乡区域间自由有序流动，同时吸引和汇聚国际市场中的高端要素。着力提高要素配置效率，为产业转型升级和国内国际双循环相互促进创造了条件。市场化价格机制基本建立，商品由市场定价的比重已超过97%，市场配置资源的决定性作用日益显现。围绕使市场在资源配置中起决定性作用，我国大力推进政府职能转变，以国家发展规划为战略导向，以财政政策和货币政策为主要手段，就业、产业、投资、消费、区域等政策协同发力的宏观制度体系更加完备。通过持续深化"放管服"改革，进一步放宽市场准入，加强了事中事后监管，并在全国范围推行营商环境评价，确立竞争政策基础地位，健全了公平竞争审查制度，着力构建起市场机制有效、微观主体有活力、宏观调控有度的经济体制，有利于发挥社会主义制度优势。实现有为政府和有效市场的有机结合，从而为加快构建新发展格局提供不竭的体制动力。

六是全方位、多层次、宽领域的开放格局基本形成。改革开放40多年来，我国坚持对外开放的基本国策，推动国内国际要素自由流动、资源高效配置和市场深度融合，对标国际标准完善开放型经济新体制，成长为全球第一货物贸易国、第二利用外资和对外投资国，以及第一外汇储备国。特别是党的十八大以来，我国逐步形成陆海内外联动、东西双向互济的全面开放新格局，推动共建"一带一路"倡议落地生根、走深走实，顶住保护主义和单边主义逆风，坚持推动贸易投资自由化、便利化，使得开放型经济发展的质量和效益迈上新的台阶，也赢得越来越多的国际赞誉和支持，为我国促进国际经济循环，进而畅通双循环创造了有利的外部条件。

更为重要的是，我们有党的坚强领导和中国特色社会主义制度的显著优势，有改革开放以来积累的雄厚物质技术基础，为构建双循环新发展格局提供了强大的体制动力和物质保障。

2. 构建新发展格局的制约因素

一是供给侧结构性问题仍然突出。从制造业看，一般产品过剩，而高品质、高端产品供给不足，目前一些高端装备、关键基础元器件和零部件严重依赖进口。服务业发展不充分，人民群众对健康、教育需求很大，但有效供给不足。实体经济循环和金融循环结合不紧密，资本市场还不完善，间接融资占比高，直接融资占比低，实体企业融资难、融资贵问题比较突出。

二是收入分配存在结构性梗阻。当前我国国民经济循环不畅，一个很重要的原因是分配环节出了问题。从初次分配看，在宏观国民收入分配格局中，劳动报酬占比偏低（近年来在 51% 左右）。国际比较数据显示，OECD（经济合作与发展组织）国家劳动者报酬在 GDP 中的份额一般在 56% 左右，比我国高 5 个百分点左右。从再分配看，我国初次分配后的居民收入差距与 OECD 国家比较接近，但再分配调节后的收入差距大于这些国家。从第三次分配看，随着我国经济发展和社会文明程度提高，全社会公益慈善意识日渐增强，但第三次分配发挥的作用不足。发达国家慈善捐赠总额占 GDP 的比重通常在 2% 左右，我国慈善捐赠占 GDP 的比重仅为 0.2% 左右。收入分配的结构性梗阻导致居民增收可持续动力不足，这也在一定程度上导致部分行业生产过剩，制约了社会再生产的良性循环。

三是流通体系存在不少堵点。从物流体系看，标准化程度不高，物流网络分布不均衡，各种运输方式衔接不畅、融合不够，尤其是新冠疫情冲击下航空运输能力不足、境外物流网络欠缺，物流成本仍然较高。从商贸体系看，实体店等传统商贸面临巨大转型压力。从市场环境看，统一大市场尚不健全，要素自由流动存在一定程度的壁垒，商品和服务跨区域流通仍不畅通。从信用体系看，市场诚信环境有待改善，合同拖欠款纠纷时有发生，这提高了交易成本，降低了流通效率。

四是内需潜力巨大与有效需求不足并存。我国有十四亿多人口基础，随着国民收入的不断提高，国内市场不断扩张，内需潜力巨大。但居民消费倾向总体偏低，叠加储蓄向投资转化不畅，有效需求不足。从消费看，低收入群体有消费意愿，但支付能力不强，中等收入群体有较强的支付能力，但因公共服务不足和保障水平较低导致总体消费倾向偏低。目前，我国的消费率水平比当年处于相似发展阶段的日韩等国低了 7 个百分点左右，潜在消费需求难以有效释放。从投资看，储蓄向民间投资转化的渠道仍然不畅，制造业投资和民间投资增长乏力。一些体制性、机制性问题仍未得到根本解决，部分领域对民间投资进入仍存在隐性门槛。

二、构建新发展格局的路径选择

我们认为，构建新发展格局的总体思考是：加快构建双循环新发展格局，必须把满足国内需求作为发展的出发点和落脚点，以扩大内需为战略基点，使国内市场成为最终需求的主要来源，以供给侧结构性改革为主线，提升供给体系对国内需求的适配性，以提升自主创新能力为主攻方向，提升产业链、供应链的完整性，着力打通生产、分配、流通、消费各个环节的循环堵点，形成需求牵引供给、供给创造需求的更高水平动态平衡。

（一）明确构建新发展格局的目标

要将突破关键核心技术作为主攻方向，着力增强自主创新能力。必须认识到，关键核心技术是要不来、买不来、讨不来的。要发挥新型举国体制优势，让市场在科技资源配置中发挥决定性作用的同时，更好地发挥政府作用，加快关键核心技术攻关。要顺应新一轮科技革命和产业变革蓬勃兴起的趋势，加快推进数字经济、智能制造、生命健康、新材料等前沿领域的科技创新和产业发展。也要认识到，自主创新不等于封闭创新，而要善于利用两个市场、两种资源，加强国际科技合作，加大国际化科技孵化平台、离岸创新中心等新型平台建设力度，探索构建开放式自主创新体系，走开放创新道路。

（二）把握构建新发展格局的战略基点

新发展格局，要坚持扩大内需这个战略基点，释放国内需求潜力，使生产、分配、流通、消费更多依托国内市场，形成经济良性循环。需要鼓励居民扩大消费，引导企业扩大投资。中等收入群体边际消费倾向更高，是购房买车、教育医疗、休闲旅游等中高端商品和服务消费的主力军，是引领消费结构向高端化、多样化、个性化升级的中坚力量，对于扩大内需有强大支撑作用。要着力扩大中等收入群体规模，努力实现中等收入群体翻番，使其成为扩大消费的主力军。大都市圈和城市群是扩大内需的主要载体，要深化户籍制度、土地制度改革，以城市群为主体构建城镇化格局，推动新型城镇化建设，使城市群成为国内大循环的核心枢纽和战略支点。与此同时，通过切实减轻企业税费负担，完善产权保护制度，营造公平竞争的市场环境，增强市场主体的投资信心，鼓励扩大民间投资，引导社会资本参与新型基础设施建设和新型城镇化建设，促进扩大有效投资。

（三）把握构建新发展格局的主线

要将深化供给侧结构性改革作为主线，提升产业链供应链发展水平。当前，全球产业链供应链加快调整，区域化、近岸化特征更趋明显，提高产业链的稳定性和竞争力更为紧迫。要推动短板产品国产替代，拓展国内供应商，培育可替代的供应链。以强大的内需市场为支撑，增强对产业链的控制力，提高供应链的安全性和可控性。以数字技术为基础的新产业新业态异军突起，应顺势而为，发挥我国数字经济的先行优势，推进制造业数字化智能化升级，加快运用人工智能、大数据、物联网等改造传统产业，提升制造业的创新力和竞争力。这不仅将创造大量的投资机会，有效扩大国内需求，还将推动技术创新和产业变革，拓展生产可能性边界，为经济发展注入新动能。

（四）把握构建新发展格局的枢纽

要保持产业链的安全和供应链的稳定，坚持以创新推动我国经济高质量发展，提升产业竞争力和发展的主动权。打通创新链、强化产业链、稳定供应链、提升价值链是把握新发展格局的枢纽。

打通创新链，加快自主创新的步伐。创新链是由知识创新、技术创新、产品创新等一系列活动及其主体组成的。推动国内大循环，首先要畅通产学研之间的联通，打通我国创新的市场障碍，构建自主可控的创新链，即面向企业和产业需求，加大我国基础性研究和技术创新的投入，整合科技力量，加大核心技术攻关力度，设立国家科技创新中心（或实验室）和中试平台，为企业和产业提供先进的科技成果和技术解决方案。要组织实施产业基础再造工程，通过创投基金等金融手段，构建自主创新的市场容错机制，培育一批采用国产技术和设备的产业群，为国产新技术、新装备、新产品开拓市场空间，为自主创新"最后一公里"铺路架桥。

强化产业链，确保经济协调稳定。链式发展是当今产业发展的基本形式，发达国家的打压与制约以及发展中国家的竞争与争夺，在一定程度上对我国建立在全球产业分工基础上的产业链形成了制约。加强产业链薄弱环节建设、维护产业链安全是保持我国产业链体系完整性和发挥竞争优势的重要一环。防止低端产业链被过早切割，要充分依托我国巨大市场及其需求层面的差异、国土幅员辽阔及区域经济发展水平的梯度，促进多层次的产需对接，调整产业布局。避免产业链在高端断裂，要在经济发达、人力资源丰富的沿海地区和中心城市，加快发展科技型产业，完善国内产业配套体系，形成替代进口的技术储备、装备储备和产品储备，确保我国产业发展协调与产业链畅通，避免产业链中断对我国经济发展造成损失。

稳定供应链，增强本国企业的合作力度。全球产业分工网络是以大企业为中心、跨国公司为主导的分工网络。长期以来，我国制造企业以加工贸易为主，大多数企业的经营规模、专业化协作与国际同行相比有较大差距，缺乏促进供应链上下游企业深度合作的链主企业，中小企业之间分工协作主要发生在产业集群，大企业对中小企业的带动力较弱。这导致我国供应链协同管理能力不强，产能过剩矛盾较为突出。同时，受全球疫情和贸易保护主义抬头影响，我国中小企业发展面临较大的压力。需要畅通大中小企业和不同所有制企业之间的合作关系，引导中小企业加入国内供应链，为中小企业发展创造国内市场空间。

提升价值链，实现高水平对外开放。要将我国创新链、产业链、供应链有机嵌入全球创新链、产业链、供应链，让其成为全球创新链、产业链、供应链必不可少的组成部分，增强不可替代性。要以产业需求和技术变革为牵引，推动科技和经济紧密结合，努力实现优势领域、共性技术、关键技术的重大突破，推动"中国制造"向"中国创造"转变。要利用我国在部分高端制造业领域的先发优势，增强"中国制造"的品牌影响力，以对外投资和产品输出带动中国设计、中国标准输出，增加技术服务价值，提升我国产业在全球价值链分工的地位。

（五）处理好构建新发展格局中双循环的关系

双循环新发展格局是在国际形势不稳定、国内经济下行压力较大的背景下作出的重要战略抉择，涉及整个经济社会体系的调整与转向。加快形成新发展格局需处理好"三个关系"：一是处理好"引进来"和"走出去"的关系，通过双向投资协调发展促进国际产能合作和培育竞争新优势；二是处理好内需与外需的关系，在强调内需大循环的同时，通过内需循环加速外需循环；三是处理好开放战略和区域战略的关系，实现区域高质量协调发展，开启高水平对外开放。

1. 处理好"引进来"与"走出去"的关系

国内产业已经深度融入国际分工体系，但仍处于全球价值链中低端。需要延续"引进来"和"走出去"良性互动的发展思路，积极参与国际合作和竞争，加速形成新的国际大循环，在提升国内产业整体竞争力的同时，为经济全球化不断注入新动力。

深化双向投资的体制机制改革。持续深化外资管理体制机制改革，不断扩大外商投资准入领域，推动外资政策向制度型开放转变，打造更加公平、包容、诚信的营商环境以吸引优质外资。深入推进境外投资管理体制机制改革，完善对外投资全过程管理防控机制，有效规范对外经济合作的市场秩序，更好地推进"一带一路"建设和国际产能合作，深化我国与相关国家的互利合作。

积极争取国际规则制定主导权。积极加入国际贸易规则谈判，争取在公平竞争环境、知识产权保护、技术转让、国企行为等方面取得规则制定的主导权。创新制定高标准投资争端解决机制，不断加强知识产权国际规则研究，完善技术转让法律制度，主动参与相关规则的制定，为双向投资创造更好的环境。

持续优化双向投资的平台功能。做优做强现有的跨境经济合作区、边境经济合作区、境外经贸合作园区等开放平台。加快与更多"一带一路"共建国家和地区进行产能合作，主动策划一批重大国际合作项目，更好发挥以双向投资培育国际竞争新优势的平台作用，不断提升双向投资质量，持续优化"引进来"和"走出去"开放格局。

2. 处理好内需与外需的关系

要以扩大内需作为主要任务，同时也要继续扩大开放，稳定外需市场。

加强政策引导。构建符合当前内外需定位的政策引导体系，大力支持发展新型基础设施、培育新兴产业等，形成新动力，淘汰落后产能，实现内需市场升级。鼓励企业拓展国际市场，同时支持适销对路的出口型企业开拓国内市场，促进内销外销常态化切换，实现内外需市场的深度融合。

扩大市场空间。深化供给侧结构性改革，调整现有供给结构，扩大中高端供给，着力提高消费品有效供给能力和水平，创造更多符合消费者需求的产品，扩大内需市场空间。同时，要注重继续拓展国际市场，与更多国家建立经贸联系，努力稳定外需，扩大外部市场空间。

做好制度衔接。稳定外需就需要推动更高水平的开放，加快从商品和要素流动型开放转向以规则、标准、管理等为内容的制度型开放。扩大内需要求积极主动推进深化改革，打通生产、分配、流通、消费各个环节，建设统一开放、竞争有序的高标准市场体系，完善公平竞争制度，促进国内市场规则更好地与国际市场规则相衔接。

3. 处理好开放战略与区域战略的关系

开放战略与区域战略相互促进、互为补充。新发展格局既要求打破区域分割，畅通国内大循环，又要求深度开放，积极参与国际大循环。

重点推进中西部内陆地区的对外开放。发挥中西部内陆地区的区位优势与对外开放节点作用，建设内陆开放门户与高地，构建多维度、多层次、跨区域的互联互通网络，打开面向全球的开放大通道。同时加强中西部地区与东部地区的开放统筹协调，实现沿海开放与内陆开放的广泛互动，搭建中西部区域联动和动能传导的新桥梁。

加强四大城市群的互动，协同推进对外开放。根据北部京津冀、东部长三角、南部粤港澳、西部成渝四大城市群的区域特征及其在对外开放中所承担的责任使命，形成层次分明、优势互补的对外开放新布局，不断强化区域联动作用，引导对外开放走得更深、更实，共同应对不稳定的国际形势。

加强"一带一路"建设与长江经济带、长三角一体化等区域发展战略的深度融合。充分发挥"一带一路"的大通道作用，发挥长三角等发达和开放前沿地区在"一带一路"建设中的排头兵和主力军作用，实现长江经济带、长三角一体化等区域发展战略与"一带一路"建设的贯通融合，推动区域经济在更大范围内合作，形成强劲的发展合力。

三、构建新发展格局的重点任务

构建新发展格局，重点要从生产、分配、流通、消费四个环节分头发力，更好助推我国完善国内经济循环，发力国际循环。

（一）深化供给侧结构性改革，畅通供需循环

要着眼积极有效应对复杂的国际政治经济形势，立足办好自己的事，坚持"巩固、增强、提升、畅通"八字方针，围绕补齐产业链供应链短板，采取有针对性的措施，促进经济高质量发展。

1. 坚持以增强微观主体活力和创新力为核心

深化国资国企改革。按照"完善治理、强化激励、突出主业、提高效率"的要求，优化调整国有经济布局结构和企业产权结构，最大化发挥国企改革

对供给侧结构性改革的乘数效应，充分激发微观市场主体活力。加快建设中国特色现代国有企业制度，积极完善企业市场化经营机制，加快国有经济布局优化、结构调整、战略性重组，积极稳妥发展混合所有制。

充分激发非公有制经济主体活力。坚定"两个毫不动摇"，瞄准痛点和堵点，彻底解决市场壁垒"虚低实高"问题，充分激发非公经济主体活力，尤其是企业家主观能动性。着力营造公平竞争环境。全面落实市场准入负面清单制度，建立清单动态调整机制，加快推出一批鼓励非公资本参与的示范项目。打破各种各样的"卷帘门""玻璃门""旋转门"，在市场准入、审批许可、经营运行、招投标、军民融合等方面，为民营企业打造公平竞争环境，给民营企业发展创造充足的市场空间。依法保护非公有制企业合法权益。优化营商服务环境，畅通民营和小微企业融资渠道"最后一公里"。

加快产业链龙头企业和"专精特新"单项冠军企业培育。充分发挥企业在产业链现代化建设中的作用，强化企业主体培育，加大对龙头企业和"专精特新"中小企业的支持力度。加快培育产业链龙头企业，支持企业家通过创造新模式、运用新技术、制造新产品、开拓新市场，培育壮大一批产业生态中具有重要影响力和主导作用的领军企业。加大"专精特新"中小企业培育力度，以提升基础产品、关键基础材料、核心零部件研发制造能力和基础软件研发、先进基础工艺和尖端设计能力为目标，实施"关键技术—材料—零件—部件—整机—系统集成"全链条培育路径，建立分类分级、动态跟踪管理的企业梯队培育清单，给予企业长周期持续稳定的支持，加快培育一大批主营业务突出、竞争力强的"专精特新"中小微企业，打造一批专注于细分市场、技术或服务出色、市场占有率高的单项冠军。

2. 坚持以制度改革创新作为供给侧结构性改革的关键

深入推进政府职能转变和"放管服"改革。按照政府定标准、企业作承诺、过程强监管、信用管终身的基本思路，进一步理顺政府与市场、政府与社会的关系，大幅减少政府对微观事务的管理，进而促进政府治理能力现代化建设。聚焦科技、教育、医疗卫生、养老等重点领域企业和群众反映强烈的问题，将"政府端菜"改为"企业和群众点菜"，切实提高取消和下放行政许可事项的含金量，增强市场主体和人民群众获得感。全面推行"双随机、一公开"监管，推进跨部门联合监管和"互联网＋监管"，加强信用监管，实现"事前管标准、事中管检查、事后管处罚、信用管终身"。

推进财税体制改革。以解决供给侧结构性矛盾为着力点，建立相应的税收制度、预算制度和政府支出制度。深化税收制度改革，减轻企业税费负担。推动健全地方税体系改革，完善直接税体系和间接税体系。完善政府预算体系，调整支出结构，加大对科技、教育和公共服务领域的支出力度。规范地方政府举债融资机制，遏制隐性债务增量，稳妥处置债务存量。加快制定处理地方政府债务的办法，完善风险预警和债务处置机制，实施有限救助制度。科学界定各级财政事权和支出责任，建立权责清晰、财力协调、区域均衡的中央和地方财政关系。

3. 坚持以推进实体经济尤其是制造业高质量发展为着力点

把制造业发展作为国家经济发展的根基，坚持传统产业和新兴产业发展并重，加快重塑新的竞争优势。实施新一轮技术改造工程，加快推进人工智能、工业互联网、物联网等新型基础设施建设，促进传统制造业的数字化、网络化、智能化升级。把握新科技革命和产业变革的历史机遇，着力加强人工智能、生物医药、新能源汽车、高端装备、新材料等领域重大技术创新和突破，促进新技术、新组织形式、新产业集群形成和发展。

加强实体经济发展的要素支撑。加强核心基础零部件（元器件）、关键基础材料、共性技术、先进基础工艺的技术攻关，解决产业基础能力不足问题。加快突破集成电路及专用设备、操作系统与工业软件、智能制造核心信息设备、航空发动机及农业装备等高端制造业核心技术，补齐产业链"卡脖子"短板。强化新产品、新技术的检验检测和工程应用能力，提升产品质量和可靠性，确保产业链安全。加快建设知识型、技能型、创新型劳动者大军。紧紧围绕经济转向高质量发展阶段的要求，应对人口结构老龄化趋势，深化教育体制改革和人才培养体制改革，着力提升劳动力质量和配置效率，努力实现我国由人口大国向人才强国的转变。

增强金融服务实体经济能力。坚持以服务实体经济、服务人民生活为本，加快金融的市场化改革，促进金融机构组织结构、经营理念、创新能力、服务水平的升级转型，疏通货币政策传导机制，深化利率市场化改革，推动多轨的政策利率逐步并轨，确保货币信贷保价保量传导至企业需求端。构建多层次、广覆盖、有差异的银行体系，积极开发个性化、差异化、定制化金融产品，提高金融机构中非银行金融机构数量占比。

加快推进新基建。以 5G 网络、大数据中心、人工智能、工业互联网等新型基础设施建设，带动智能终端消费及服务消费，促进经济社会数字化转型，实现高质量发展，进一步增强中国在信息通信领域的核心竞争优势。

（二）建设高质量收入分配体系，畅通国民经济分配循环

从社会再生产过程看，分配一头连着生产，一头连着流通和消费，推动形成以国内大循环为主体、国内国际双循环相互促进的新发展格局需要建设高质量的收入分配体系。

1. 完善要素市场化配置，畅通初次分配环节

完善劳动要素按贡献参与分配政策。坚持就业优先战略和积极就业政策，实现更充分和更高质量就业。大力推进"大众创业，万众创新"，全面落实创新创业扶持政策。将劳动力要素市场改革和工资市场化改革结合起来，调整最低工资标准，完善各具特色的工资制度和工资增长机制，使工资水平正确地反映劳动力的价值，提高经济发展成果的全民共享水平。

完善资本要素按贡献参与分配政策。加强多层次资本市场体系建设，大力发展货币市场、证券市场、保险市场、基金市场和期货市场，不断丰富债券市场品种体系，稳步发展国债期货、利率互换等利率衍生产品，兼顾场内市场和场外市场的协调发展。加快完善资本要素市场功能，提高直接融资比重，促进社会融资结构持续优化。积极引导资本要素市场和金融机构为实体经济提供多样化的金融产品和融资服务，更好地满足实体经济资本需求。

完善土地要素按贡献参与分配政策。建立健全城乡统一的建设用地市场，扩大国有土地有偿使用范围。建立公平合理的集体经营性建设用地入市增值收益分配制度，在符合国土空间规划和用途管制要求前提下，调整完善产业

用地政策，创新使用方式，推动不同产业用地类型合理转换。推进农村土地制度改革，保障农民合法拥有要素收益。

2. 更好发挥政府作用，畅通再分配环节

完善税收调节政策。在整体税制结构上，推进降低间接税比重，提升直接税比重。扩大资源税征收范围，提高资源税税负水平。改变个人所得税的征收模式，实行综合和分类相结合的个人所得税征收模式，制定更合理的税率和费用扣除标准。稳定小微企业所得税优惠政策。

完善财政转移支付政策。增加一般性转移支付的规模和比重，增加财政支出的公共性和普惠性，控制和缩小各地区间政府财力差距。加大向落后地区专项资金补助、民族地区补助、农村税费改革补助、乡镇财政困难补助等转移支付力度。

完善社会保障政策。完善城镇职工基本养老保险和城乡居民基本养老保险制度，尽快实现养老保险全国统筹。完善统一的城乡居民基本医疗保险制度和大病保险制度，完善城乡医疗救助制度。统筹城乡社会救助政策，完善最低生活保障制度。

完善基本公共服务均等化政策。健全基本公共服务均等化政策体系，创新基本公共服务供给制度，推动实现城乡基本公共服务均等化。合理分配和使用国有资本收益，扩大国有资本收益上交范围，提高中央企业国有资本收益上交比例，统筹用于社保等民生支出。

3. 完善政策支持体系，畅通第三次分配环节

积极培育慈善组织。要简化公益慈善组织的审批程序，鼓励有条件的企业、个人和社会组织参与医院、学校、养老服务等公益事业。发展壮大持证社会工作者队伍和注册志愿者队伍，推动面向困难群众的公益服务加快发展。

完善慈善发展政策。健全和完善法律法规体系，进一步规范和促进我国慈善事业的有序发展，使第三次分配制度化、法制化，特别是要尽快出台慈善事业促进法，为私人捐资的基金会的运作制定完善的法规体系。同时，不断完善慈善捐赠税收政策，大力推进第三次分配的创新实践。

加强慈善监督管理。强化内部监管，建立专业化和职业化的慈善组织团

队，提升信息公开透明水平，建立慈善资金使用跟踪反馈机制。加强社会对慈善组织外部监管，高度重视筹募后善款善物使用的规范及效率，建立慈善捐款使用跟踪机制，全程监督捐款的使用，定期向社会公开资金使用情况。

宣传培育慈善文化。强化公民慈善意识，通过广播、电视、报刊、互联网等媒体和平台对慈善事业的作用与意义进行传播，普及慈善知识，传播慈善文化，利用各种方式让慈善理念深入人心。

（三）建设现代交通和物流体系，畅通流通环节

应转变传统交通运输发展方式，加快构建现代综合交通运输体系，全面提升战略支撑和引领能力。

1. 以适应大循环、双循环要求为导向，切实转变综合交通运输发展方式

转变传统交通运输与经济社会粗放式被动式供给需求关联逻辑，确立交通运输与国民经济价值循环机制。强化交通运输供需动态化精准匹配，推动交通运输与经济社会全方位深度融合，强化区域城乡交通运输协同发展，有效支撑国民经济循环运行和产业联动。强化交通运输自身价值贡献与经济、社会、生态等直接、间接和衍生价值评估与挖掘，建立交通运输与经济社会生态等跨领域跨区域价值反哺机制。

转变传统交通运输要素配置和增长驱动的惯性路径依赖，构建与新发展格局有效匹配的可持续发展方式。立足实质性破除交通运输制约国民经济循环运行的关键环节持续发力，改变交通运输注重自身发展扩张的要素投入、投资驱动方式，强化资源要素高效流转、统筹利用和有效配置。在注重交通设施规模等级标准、服务能力、技术装备、市场主体等总量扩张的同时，更加关注系统性结构整体优化。

全面提升现代综合交通运输体系对大循环、双循环的战略支撑能力。优化调整运输结构，创新运营组织模式，推进智慧绿色安全发展，构建统一有序的交通运输市场，加快建设现代综合交通运输体系，更好支撑以国内大循环为主体、国内国际双循环相互促进的新发展格局构建，更好满足人民美好生活需要，更好服务国家现代化建设战略大局。

2.构建现代物流体系，支撑经济高效流转与内外循环

围绕大循环、双循环带来的区域经济系统重构，打造引领战略空间拓展和产业联动的现代化物流体系。强化物流服务和组织系统在引领战略空间拓展、关联产业协同中的关键作用。围绕国际、区域、城市群、城市、农村等不同空间尺度的产业链分工合作、城镇带布局、贸易格局调整等要求，超前构建高度匹配、互动融合的现代物流网络。

着眼现代化经济体系和现代流通体系建设，强化物流衔接和促进生产消费，构筑有效拓展供应链、价值链的物流系统。围绕供应链上下游无缝衔接和产业向价值链中高端升级，结合互联网经济下新业态、新模式发展，推进传统物流服务向现代物流服务转型，强化物流体系与现代流通体系构建的精准对接，积极拓展金融、信息、通关以及信用市场等增值服务，强化国际供应链、价值链规则等领域有效衔接。

立足产业链多样化和生产端、消费端的细分市场，建设分类化、专业化的服务不同空间区域的现代物流系统。分类构建高效串接原材料产地、加工业基地、消费地等的多样化、专业化物流系统，优化空间结构，推动集装箱、大宗物资以及冷链、危险品、汽车整车、快递包裹、快速消费品以及针对电子商务等特种物流系统发展，强化航空物流、航运物流等国际国内专业化物流网络构建，研究发展符合我国实际的高铁货运系统。

3.建设应急物流体系，提升突发事件循环保障能力

补齐专业化应急物流设施短板，提升服务与组织功能、覆盖范围、保障能力和共享水平。完善"通道＋枢纽＋网络"国家物流设施体系，以航空货运机场、中欧班列集结中心等专业物流枢纽为重点，构建"核心集聚＋多点支撑"格局。强化重点枢纽应急物流能力建设，提升公共物流及配套设施共享利用水平。高效整合储备、运输、配送等存量资源。

建设统一开放的物流市场体系，培育壮大龙头骨干型物流企业，提升应急物流保障能力。加快构建现代物流市场体系，推动要素配置按照市场规则、市场价格、市场竞争实现效益最大化和效率最优化。培育壮大融合、强大、专业、具有国际国内网络拓展能力的本土化物流企业。强化"政府、国企、社会、国际"等多元力量统筹，打造一批能力多元、资源共享、运行协同的本土化龙头物流企业。

创新应急物流组织模式和联动方式，提高突发事件及时响应水平和产业链供应链循环保障能力。加快构建国家航空物流网络，提升空铁联运组织效率。积极发展应急物流产业，强化供应链安全保障。推动应急物流及关联领域联动产业化发展。依托专业货运枢纽和平台，打造应急物流组织中心，制订应急物流组织方案，搭建应急物流大数据平台。

（四）加快完善全国统一大市场，畅通市场循环

健全市场体系基础制度，坚持平等准入、公正监管、开放有序、诚信守法，形成高效规范、公平竞争的国内统一市场，是建设统一开放、竞争有序的现代市场体系的主要内容，是畅通市场循环的基本条件。

1. 推动传统要素和新型要素市场一体化发展

健全保障要素自由流动的产权机制和价格机制。推动建立评估准确、过程透明、定价合理的要素交易机制，确保要素产权各类权能的所有者均能获得合法正当收益。推动要素在更多主体之间、更广范围内合理配置，推广长三角城市群建立发展要素共同市场的经验，加快发展布局合理的新型交易平台，完善统一交易规则和服务标准。整合国内分散的能源资源类大宗商品交易平台，打造若干具有国际影响力的专业化交易平台。

促进传统要素市场一体化发展。保持土地承包关系长久稳定，清晰界定农村土地所有权、承包权、经营权归属和权益实现方式，加快建设城乡统一的建设用地市场。健全反映劳动力供求、地区发展水平的薪酬动态调节机制和充分体现知识、技术等创新要素价值的收益分配机制。促进多层次资本市场健康平稳发展，提高直接融资比重，健全市场化利率形成和传导机制，增强金融有效服务实体经济的能力。

推动新型要素市场一体化发展。加快培育国内统一的数据市场和交易平台，统一国内与数字相关的产权认定、保护、交易和使用规则，完善与国际接轨的数据资产价值评估标准，促进国内外数据市场联通发展。加强数据资

源整合和安全保护，在确保隐私的前提下，鼓励市场主体进行科技创新和应用探索，充分发挥数据要素的市场价值，防止垄断资料来源和渠道的企业滥用市场支配地位。

2. 推动商品和服务市场在统一融合中繁荣发展

加快培育 5G+ 和人工智能消费市场。加快 5G 示范城市的组网进程，努力扩大 5G 市场基础用户规模，大力推进全国范围的商业化应用。长三角和珠三角的发展趋势表明，人工智能有望率先实现更大规模商用的领域是智能安防、智能家居、智能驾驶、智慧健康、智慧旅游、智慧教育等。亟待建立健全针对人工智能领域市场应用创新的审慎包容监管机制，鼓励有条件的地区划定人工智能应用试验区，为人工智能产品和服务应用提供商用平台。探索人工智能相关专利、品牌等无形资产质押贷款机制，加大对人工智能相关共性技术示范应用的财政支持，引导社会投资者积极参与示范项目建设运营。加快推进智能化消费市场的标准化工作，规范新兴市场竞争秩序。

大力繁荣发展服务市场。加快破除服务业领域的各类垄断尤其是隐性壁垒，切实推动服务业有序开放，在竞争性市场领域实现服务价格市场决定。探索互联网＋服务应用的新业态和新模式，聚焦发展数字生活、健康养老、智慧教育等新兴服务业，培育平台经济和共享经济，满足消费结构升级需要。引导企业由销售实物产品和售后维修等低附加值环节向提供综合解决方案、个性化智能化衍生服务等高附加值环节升级能力，推动生产性服务覆盖从研发、产业化到市场开拓的全部链条，打造高端化、品牌化专业性服务机构，拓宽在国际市场上的影响力。

持续推动消费升级。加快完善消费软硬环境，不断创新消费新模式新业态，积极培育网络消费、智能消费、定制消费、体验消费等消费新模式，推动服务消费提质扩容，丰富旅游产品供给，培育优质文化产品和品牌，建立健全集风险监测、网上抽查、源头追溯、属地查处、信用管理于一体的电子商务产品质量监督管理制度。

3. 加快各类所有制和不同规模企业融合发展

创新发展混合所有制经济。完善基本经济制度，进一步优化国有经济布局和调整结构，在国家安全、国民经济命脉所系的关键行业领域发挥战略支撑作用，同时在一般竞争性领域为民营市场主体释放要素与市场空间。在做强做优做大国有资本的前提下，广泛激发社会资本通过控股、参股和交叉持股等多种方式，推动经济产权深度融合，深化国有企业混合所有制改革，创新发展混合所有制经济。同时，引导拥有土地、资本、资质、专家等体制内资源的国有企业更多通过市场化机制与民营企业开展深入合作，破除制约民营企业发展的各种壁垒，勠力同心加快建设世界一流企业。总之，要通过多种形式促进不同所有制企业充分融合发展，为加快建设国内统一大市场提供坚实的微观主体基础。

融通大中小微不同规模企业。完善促进中小微企业和个体工商户发展的法律环境和政策体系。促进大中小微企业基于产业链、供应链、资金链、创新链实现四链融通发展，发挥大企业在企业融通发展过程中的引领作用，基于不同规模企业特色和优势，推动形成"热带雨林"式的创新链群和相关企业群落，打造多点对多点的网状式协作体系。提升小微型企业与大中型企业的合作层次，从传统的产品组装、技术外包等浅层次，提升至产业生态系统的深层次融合，确保协作多方在信息对称、地位平等的前提下实现共生共荣、互惠发展。

4. 不断扩大开放，拓宽国际合作"朋友圈"

加快自贸区和海南自由贸易港建设。在现有 21 个自由贸易试验区基础上继续扩容，鼓励国内自由贸易试验区大胆试、大胆闯，加快推进沿海省市自由贸易港和中、西部内陆港建设，打造开放新高地，加快制度创新的红利持续释放。此外，要落实海南自贸港"零关税""低税率""简税制"政策大礼包，保证人流、物流、资金流、信息流往来自由便利，升级制度创新，打造法治化、国际化、便利化的国内经济增长新高地和国内国际双循环"试验田"。

积极参与国际经贸规则谈判和制定。加快中日韩、中国—海合会等国际自贸区谈判进程，争取早日签署相关协定，实现全方位、全领域的对外开放。用好用足用活 RCEP，积极为企业减税降费，为百姓谋取价格低、质量高的优质产品。

持续推进"一带一路"建设。一方面，积极发挥中国企业的引领和主导作用，利用当地资源和要素在共建国家投资建设，同时要善于同本土龙头企业开展互惠互利合作，形成利益共同体，在互联互通中塑造以中国制造、中国创造为纽带的新型国际秩序与国际产业生态；另一方面，继续优化营商环境，不断吸引跨国企业到中国投资，增强国内、国际产业互融度，形成国内国际双循环相互促进的新发展格局。

第 五 章

着力推动
高质量发展

发展是党执政兴国的第一要务，是解决我国一切问题的总钥匙。实现什么样的发展、怎样实现发展，是党领导人民治国理政必须回答好的一个重要课题。党的十八大以来，习近平总书记围绕什么是高质量发展、为什么要推动高质量发展、怎样推动高质量发展等问题发表一系列重要讲话，为我们深刻理解高质量发展的核心要义、充分认识推动高质量发展的深远考量、准确把握实现高质量发展的战略要求提供了根本遵循。

一、高质量发展的核心要义

在 2017 年中央经济工作会议上，习近平总书记指出，高质量发展，就是能够很好满足人民日益增长的美好生活需要的发展，是体现新发展理念的发展，是创新成为第一动力、协调成为内生特点、绿色成为普遍形态、开放成为必由之路、共享成为根本目的的发展。[①]

（一）高质量发展是能够很好满足人民日益增长的美好生活需要的发展

习近平总书记在出席江苏代表团审议时围绕高质量发展发表重要讲话，其中就强调，必须以满足人民日益增长的美好生活需要为出发点和落脚点[②]，把发展成果不断转化为生活品质，不断增强人民群众的获得感、幸福感、安全感。

---

① 习近平：《论把握新发展阶段、贯彻新发展理念、构建新发展格局》，中央文献出版社 2021 年版，第 215 页。

② 《习近平在参加江苏代表团审议时强调 牢牢把握高质量发展这个首要任务》，《人民日报》2023 年 3 月 6 日，第 1 版。

一方面，满足人民日益增长的美好生活需要，是解决我国当前社会主要矛盾的必然要求，也是推动高质量发展的出发点和逻辑起点。毛泽东在《矛盾论》中曾指出："矛盾是普遍的、绝对的，存在于事物发展的一切过程中，又贯穿于一切过程的始终。"[①] 要推动国家经济社会的发展，必须先抓住当前的社会主要矛盾。这既是唯物史观的基本观点，也是我们党治国理政的重要经验。党的十九大报告明确提出当前社会主要矛盾已经转变为人民日益增长的美好生活需要和不平衡不充分的发展之间的矛盾，并且首次提出我国经济已由高速增长阶段转向高质量发展阶段。社会主要矛盾的变化，决定了我国发展阶段的变化。从"人民日益增长的物质文化需要"到"人民日益增长的美好生活需要"的转变，意味着人民对美好生活需要的品质更高、范围更广，期盼有更好的教育、更稳定的工作、更满意的收入、更可靠的社会保障、更高水平的医疗卫生服务、更舒适的居住条件、更优美的环境。满足人民日益增长的美好生活需要，就是要让人民群众过上物质富足、环境优美、发展平衡、繁荣开放、共同富裕的高质量生活。因此，新时代我国社会主要矛盾，也可以看作人民群众对美好生活的高质量需求与当前经济社会发展质量较低的矛盾。要解决这一主要矛盾，必须转变发展方式，推动经济发展质量变革、效率变革、动力变革，实现高质量发展。

另一方面，满足人民日益增长的美好生活需要，是推动高质量发展的落脚点，也是评价高质量发展成效的目标终点。高质量发展搞得成功不成功，关键看人民满不满意。必须把高质量发展同满足人民美好生活需要紧密结合起来。人民幸福安康是推动高质量发展的最终目的。高质量发展必须是能够满足这一条标准的发展。反过来说，凡是不满足这一标准的，就不是高质量发展。所以，我们推动经济社会发展，归根到底是为了不断满足人民群众对美好生活的需要。要始终把人民安居乐业、安危冷暖放在心上，用心用情用力解决群众关心的就

---

① 《毛泽东选集》第 1 卷，人民出版社 1991 年版，第 307 页。

业、教育、社保、医疗、住房、养老、食品安全、社会治安等实际问题，一件一件抓落实，一年接着一年干，努力让群众看到变化、得到实惠。

（二）高质量发展是坚持新发展理念的发展

发展理念是否对头，从根本上决定着高质量发展成效乃至成败。新发展理念不仅是理解高质量发展的核心概念，也是理解习近平经济思想理论体系的重要概念。正如习近平总书记强调的，党的十八大以来我们对经济社会发展提出了许多重大理论和理念，其中新发展理念是最重要、最主要的。我们必须完整、准确、全面贯彻新发展理念，始终以创新、协调、绿色、开放、共享的内在统一来把握发展、衡量发展、推动发展。

"创新、协调、绿色、开放、共享"五大发展理念，每一条都对应着高速增长阶段存在的发展短板，围绕发展动力、发展不平衡、人与自然和谐共生、发展内外联动、社会公平正义等我国经济发展中的重要着力点一一展开，回答了新时代我国高质量发展的发展动力、发展方式、发展目的等一系列问题。（见表5–1）① 明确了高质量发展阶段发展动力由"要素驱动"转向"创新驱动"、发展方式由"规模速度型"转向"质量效率型"、发展目的由"满足物质文化需要"转向"满足美好生活需要"。因此，相比高速增长阶段，高质量发展是创新成为第一动力、协调成为内生特点、绿色成为普遍形态、开放成为必由之路、共享成为根本目的的发展，是更高质量、更有效率、更加公平、更可持续的发展。更明确地说，高质量发展就是从"有没有"转向"好不好"。正是由于始终坚持新发展理念的指引，高质量发展才从根本上区别于过去的

---

①　创新发展注重的是解决发展动力问题，必须把创新摆在国家发展全局的核心位置，让创新贯穿党和国家一切工作；协调发展注重的是解决发展不平衡问题，必须正确处理发展中的重大关系，不断增强发展整体性；绿色发展注重的是解决人与自然和谐共生问题，必须实现经济社会发展和生态环境保护协调统一、人与自然和谐共生，为人民创造良好生产生活环境；开放发展注重的是解决发展内外联动问题，必须实行高水平对外开放，以扩大开放推进改革发展；共享发展注重的是解决社会公平正义问题，必须坚持全民共享、全面共享、共建共享、渐进共享，不断推进全体人民共同富裕。

发展模式。

表 5-1

	发展动力	发展方式	发展目的
高速增长	依靠资源和低成本劳动力等要素投入	规模速度型	实现经济快速增长，满足人民日益增长的物质文化需要
高质量发展	创新驱动（创新）	质量效率型（协调、绿色、开放）	实现共同富裕，满足人民日益增长的美好生活需要（共享）

再进一步看，在全面建设社会主义现代化国家新征程上，必须完整、准确、全面贯彻新发展理念，推动高质量发展。发展理念是管全局、管根本、管方向、管长远的。经济社会发展是一个复杂的大系统，必须有一个管总的要求，做到方向一致、标准统一。作为统领发展的总纲要和大逻辑，发展理念不仅要回答实现什么样的发展、怎样实现发展的重大问题，而且要阐明关于发展的政治立场、价值导向、发展模式、发展道路等重大问题。新时代新征程，必须立足于党和国家事业发展全局，更加突出发展理念对于高质量发展的引领作用。

（三）高质量发展是管全局、管长远的发展

高质量发展不只是一个经济要求，而是对经济社会发展方方面面的总要求；不是只对经济发达地区的要求，而是所有地区发展都必须贯彻的要求；不是一时一事的要求，而是必须长期坚持的要求。高质量发展是全面建设社会主义现代化国家新征程上全领域、全地域、全时域的总要求。

从领域来看，高质量发展不只是一个经济要求，而是对经济社会发展方方面面的总要求。从党的十九大报告提出的"我国经济已由高速增长阶段转向高质量发展阶段"到党的十九届五中全会指出的"我国已转向高质量发展阶段"，高质量发展的定语从"我国经济"变成"我国"，充分表明高质量发展不能只是局限于经济领域，社会、文化、生态、国防等各领域都要体现高

质量发展的要求。木桶能盛多少水，取决于最短的那块板。这意味着，走高质量发展之路不能有"短板"，而是要着眼长远、把握大势、科学布局，推动各领域实现高质量发展。

从地域来看，高质量发展不是只对经济发达地区的要求，而是所有地区发展都必须贯彻的要求。要纠正高质量发展与经济欠发达地区关系不大的错误观念，摒除欠发达地区先做到"GDP 快速增长"再考虑高质量发展的落后思想。我国国内各地区之间的发展基础、资源禀赋、比较优势各不相同，要结合实际，因地制宜、扬长补短，走出适合本地区实际的高质量发展之路。如果把高质量发展仅仅视为经济发达地区的事，而欠发达地区靠透支资源、破坏生态来实现所谓"区域均衡""弯道超车"，无疑是南辕北辙，欲速则不达。各地区只有因地制宜、扬长补短，才能走出适合本地区实际的高质量发展之路。

从时域来看，高质量发展不是一时一事的要求，而是必须长期坚持的要求。推动高质量发展绝不是不得已而为之的权宜之计，而是党中央站在实现"两个一百年"奋斗目标的历史交汇点上，胸怀中华民族伟大复兴战略全局作出的重大判断。在"十四五"乃至更长时期，我们都必须保持战略定力，坚持高质量发展这一主题，久久为功，一张蓝图绘到底，在全面建设社会主义现代化国家的征程上砥砺奋进。

（四）高质量发展是质的有效提升和量的合理增长相统一的发展

党的二十大报告中强调，推动经济实现质的有效提升和量的合理增长。从发展中的质和量的辩证关系看，质的有效提升是量的合理增长的重要动力，量的合理增长是质的有效提升的重要基础。经济没有"质"就不会有"量"，离开了"量"也谈不上"质"。高质量发展要坚持"质的有效提升"和"量的合理增长"相统一。

"质"是指经济发展的结构、效益。质的提升是高质量发展的必然要求，意味着发展模式的变革，既包括生产方式的转型升级，也包含新业态新模式的加速迸发。党中央作出我国经济已由高速增长阶段转向高质量发展阶段的重大判断，提质增效成为经济社会发展的重要目标任务。可以说，新时代的发展必须是高质量发展，低水平重复建设和单纯数量扩张没有出路，只有以质取胜、不断塑造新的竞争优势，以效率变革、动力变革促进质量变革，才能继续保持量的稳定增长。

"量"是指经济发展的规模、速度。量的增长是我国进入高质量发展阶段的前提。改革开放以来，我国经济总量连续跃升，已经成为世界第二大经济体、第一大工业国、第一大货物贸易国，谷物总产量、制造业规模、外汇储备稳居世界第一，拥有了全球规模最大、最具成长性的中等收入群体。正是几十年以来发展中"量"的累积，才夯实了今天高质量发展的基础。在高质量发展阶段，合理的量的增长是推动高质量发展的基础。从中长期来看，到2035年我国人均国内生产总值要达到中等发达国家水平，实现这一目标，要求我们在提高质量效益的基础上必须保持合理的量的增长。当前，我国经济面临的下行压力仍然较大，必须坚持稳字当头、稳中求进，保持经济运行在合理区间，保持社会大局稳定。从经济发展能力和条件看，我国经济有希望、有潜力保持长期平稳发展。通过不懈努力，我们完全能够在提高质量效益的基础上，推动经济运行整体好转，以量变的积累实现质变。

二、推动高质量发展的深远考量

当前，我国已开启全面建设社会主义现代化国家新征程，我们要充分认清推动高质量发展的必要性和紧迫性，体会党中央推动高质量发展的深远考量，切实把高质量发展的要求贯彻到经济社会发展全过程各领域。

（一）遵循经济规律发展的必然要求

经济发展是一个螺旋式上升的过程，上升不是线性的，量的积累到一定阶段，必须转向质的提升。人类社会的发展总是一个阶段接着一个阶段的，不同发展阶段要有与之相适应的发展方式。从经济发展规律看，没有哪一种发展模式可以包打天下、一劳永逸，必须根据世情、国情变化不断提升发展动力、优化经济结构、创新发展理念。

工业革命以来，大部分国家在经历高速增长阶段，达到中等收入水平后，会突然遇到发展瓶颈，各类问题集中爆发，普遍表现为经济增速放缓、经济结构失调、环境污染严重、社会贫富差距扩大、经济泡沫严重等。这就是所谓"中等收入陷阱"。全球 200 多个国家和地区最终只有 30 多个国家成功越过中等收入陷阱，进入发达国家行列。西欧各国、美国、日本、韩国、新加坡等发达国家虽然崛起时代不一样，发展路径也不完全相同，但有一个共同经验，就是都实现了发展方式的换挡转型。这些国家在高速增长过后，把发展重心从追求速度转向追求质量，更加注重科技、教育、环境、能耗和社会公平。这充分说明，一个国家进入工业化中后期，只有实现发展方式从规模速度型转向质量效益型，推动高质量发展，才能顺利实现现代化。

当前，我国经过改革开放 40 多年的发展，实现了从农业国到工业国的跨越，完成了全面建成小康社会的宏伟目标，并开启了全面建设社会主义现代化国家新征程。但是也要看到，传统的粗放型高速增长模式的弊端已经越来越凸显，同时，我们还正处在从中等收入水平向高收入阶段跨越的关键时期，中等收入陷阱的风险挑战依然存在。对我们来说，只有突破经济增长的传统路径，完成经济发展方式的根本转变，实现经济发展质的飞跃，才能顺应经济发展规律，跨越中等收入陷阱，顺利实现高质量发展目标。

（二）化解新时代社会主要矛盾的必然选择

党的十九大报告指出，中国特色社会主义进入新时代，我国社会主要矛盾已经转化为人民日益增长的美好生活需要和不平衡不充分的发展之间的矛盾。社会主要矛盾是在社会诸多矛盾中处于支配地位并对社会发展起决定作用的矛盾，我国社会主要矛盾的转变规定了新时代党和国家的工作中心和行动指南，即如何解决发展不平衡不充分的问题，以满足人民日益增长的美好生活需要。

1981 年党的十一届六中全会提出的我国社会主要矛盾是：人民日益增长的物质文化需要同落后的社会生产之间的矛盾。但随着改革开放 40 多年，我国经济社会建设取得巨大成就，我国的社会生产力显著提高，成为世界第二大经济体，甚至在一些领域进入世界前列，落后生产力已经得到充分改善，人民生活实现了从贫困到温饱到全面小康的重大跨越。2022年国内生产总值超过121万亿元，稳居世界第二；工农业生产、基础设施、科技创新、市场建设也都取得长足进步，社会生产总体上已不再落后。中国现在已经稳定解决了十几亿人的温饱问题，实现了全面建成小康社会的壮举，绝大多数人都过上了丰衣足食的生活，因此无论是人民对生活需要的种类、结构还是水平、质量，都跟着发生了重大变化。在需求结构上，人民的生活需要日益广泛，不仅对物质文化生活提出了更高要求，而且在民主、法治、公平、正义、安全、环境等方面的要求日益增长；在生活水平上，由衣食无忧的较低水平转向美好生活的高水平。

中国特色社会主义进入新时代，随着社会生产力水平的不断提高，人民的美好生活需要日益广泛，不仅对物质文化生活提出更高要求，不再满足于低层次的基本生活需求，而且有了更高层次、更高品质、更有温度的需求。我国人民在安全、环境、健康、教育等方面的要求日益增长，同时在空气质量、环境卫生、食品药品安全和住房、教育、医疗、就业、养老等方面，也有了日益广泛、更高的需求。

但是，发展中不平衡不充分的问题仍然十分突出。我国人均国内生产总值和人均国民总收入仍低于世界平均水平；各区域各领域各方面发展还不够平衡，一些地区、一些领域、一些方面还存在发展不足的问题；部分行业产能过剩与优质供给不足并存，煤炭、钢铁等产能严重过剩，而机器人、临床创新药物等产品大量依靠进口；城乡、区域、不同群体之间的居民收入差距依然较大；农业农村、生态环保、公共服务等方面的短板亟待加强。这些不平衡不充分的问题相互掣肘、相互交织，已经成为满足人民日益增长的美好生活需要的主要制约。因此，要有效解决我国社会主要矛盾，必须改变发展不平衡不充分的状况，根据社会主要矛盾的转化，大力建设现代化经济体系，促进城乡、区域、经济社会协调发展，处理好经济发展和环境保护的关系，促进国内发展和对外开放良性互动，更好满足人民在经济、政治、文化、社会、生态等方面日益增长的需要。总之，发展不平衡不充分是当前中国发展格局和生产状况中比较突出的结构性矛盾，已成为满足人民日益增长的美好生活需要的主要制约因素，它既表现为城乡、区域发展不平衡不充分，又表现为经济发展与社会发展不平衡不充分。

（元）

图 5-1　2013—2022 年城镇、农村居民人均可支配收入

数据来源:《中国统计年鉴》

城乡发展不平衡。 党的十八大以来，以习近平同志为核心的党中央把脱贫攻坚摆在治国理政突出位置，团结带领全党全国各族人民，经过 8 年持续奋斗，取得了脱贫攻坚战的全面胜利，完成了消除绝对贫困的艰巨任务。根据国家统计局统计，国家脱贫攻坚普查的主要结果显示，我国建档立卡户已经全面实现不愁吃、不愁穿，全面实现义务教育有保障、基本医疗有保障、住房安全有保障的"两不愁三保障"。但我国城乡发展依然有较大差距，城乡基础设施建设、收入、教育、医疗、卫生依然有较大差距。2022 年，我国城镇居民人均可支配收入 49283 元，农村居民人均可支配收入 20133 元，城乡居民人均可支配收入差异较大，农村居民收入较低，成为制约共同富裕的瓶颈。

区域发展不平衡。 受地理位置、经济环境和政策影响，我国整体上呈现东、中、西部和东北地区发展不平衡的局面。改革开放后，东部地区率先发展，虽然国家大力推行中部崛起、西部大开发、振兴东北老工业基地等发展战略，中西部及东北地区取得了较好的发展，但是东部与中西部及东北地区间 GDP 总量、人均 GDP 和人均收入等方面还是存在较大差距。2021 年，我国东部地区 GDP 达 59.2 万亿元，占全国比重 52.1%，超过中、西、东北部地区之和；2021 年，我国东部地区人均可支配收入达到 44980.3 元，但是中、西部均未达到 3 万元，东北地区也仅刚超过 3 万元，为 30517.7 元，西部地区仅为 27798.4 元；2021 年我国货物贸易进出口总额达 39.1 亿元，其中东部地区占比 79.4%，中部、西部及东北地区合计占比仅 20.6%，货物贸易进出口主要集中在东部地区，东、中、西及东北部地区之间发展不平衡。

收入差距较大。随着我国收入分配政策的调整，按居民收入计算我国的基尼系数，近十几年我国基尼系数总体呈波动下降态势。全国居民人均可支配收入基尼系数在 2008 年达到最高点 0.491 后，2009 年至今呈现波动下降态势，至 2021 年累计下降 0.025，不同群体之间居民收入差距总体缩小。但是我们应该客观地认识到，我国的收入分配差距依然较大，2021 年我国的基尼系数为 0.466（国际惯例把 0.2 以下视为收入绝对平均，0.2—0.3 视为收入比较平均，0.3—0.4 视为收入相对合理，0.4—0.5 视为收入差距较大），我国收入差距较大，是我国经济社会发展中的长期问题。

表 5-2　2021 年东、中、西部及东北地区国民经济发展的主要指标

指　标	全国	东部地区		中部地区		西部地区		东北地区	
		绝对值	占比 %	绝对值	占比 %	绝对值	占比 %	绝对值	占比 %
总人口（亿人）	14.13	5.66	40.1	3.64	25.8	3.83	27.1%	0.97	6.9
GDP（万亿元）	114.4	59.2	52.1	25.0	22.0	24.0	21.1	5.6	4.9
人均可支配收入（万元）	3.61	4.50	—	2.97	—	2.78	—	3.05	—
货物进出口总额（万亿元）	39.1	31.0	79.4	3.4	8.6	3.6	9.1	1.1	2.9

数据来源：《中国统计年鉴 2022》

表 5-3　城镇居民收入五等份分组的人均可支配收入

组别	2013年	2014年	2015年	2016年	2017年	2018年	2019年	2020年	2021年	2022年
20% 低收入组家庭（元）	9896	11219	12231	13004	13723	14387	15549	15598	16746	16971
20% 中间偏下收入组家庭（元）	17628	19651	21446	23055	24550	24857	26784	27501	30133	31180
20% 中间收入组家庭（元）	24173	26651	29105	31522	33781	35196	37876	39278	42498	44283
20% 中间偏上收入组家庭（元）	32614	35631	38572	41806	45163	49174	52907	54910	59005	61724
20% 高收入组家庭（元）	57762	61615	65082	70348	77097	84907	91683	96062	102596	107224

数据来源：国家统计局

随着经济发展水平的不断提高，我国城镇和农村居民五等份分组的人均可支配收入均呈现明显的上升态势，但是无论是城镇还是农村，不同组别之间人均可支配收入差距较大。2022 年，城镇居民中 20% 高收入组家庭人均可支配收入为 107224 元，而 20% 低收入组家庭人均可支配收入仅为 16971 元，前者为后者的 6.3 倍；农村居民中 20% 高收入组家庭人均可支配收入为 46075 元，20% 低收入组家庭人均可支配收入仅为 5025 元，前者为后者的 9.2 倍。

表 5-4　农村居民收入五等份分组的人均可支配收入

组别	2013年	2014年	2015年	2016年	2017年	2018年	2019年	2020年	2021年	2022年
20% 低收入组家庭（元）	2878	2768	3086	3006	3302	3666	4263	4681	4856	5025
20% 中间偏下收入组家庭（元）	5966	6604	7221	7828	8349	8508	9754	10392	11586	11965
20% 中间收入组家庭（元）	8438	9504	10311	11159	11978	12530	13984	14712	16546	17451
20% 中间偏上收入组家庭（元）	11816	13449	14537	15727	16944	18051	19732	20884	23167	24646
20% 高收入组家庭（元）	21324	23947	26014	28448	31299	34043	36049	38520	43082	46075

数据来源：国家统计局

此外，我国还存在优质教育发展不充分、住房条件改善不充分、医疗建设发展不充分、精神文明发展不充分等现实问题，制约着人民美好生活的实现。

因此，我国作出新时代我国社会主要矛盾转化的重大判断，具有重要的理论价值、重大的现实意义。

（三）赢得国际竞争主动的迫切需要

经过改革开放 40 多年的快速发展，我国综合国力大幅提升，实现了经济增长的奇迹，目前正处于由大向强发展的关键时期。同时，随着我国实力不断增强，以美国为代表的传统发达国家开始转变对华战略，对我国实施战略竞争，未来我们面临的国际竞争将前所未有，必须着力推动高质量发展，赢得国际竞争主动。

1. 我国经济正处于由大向强发展的关键时期

我国经济实力不断提升，但人均指标还有差距。我国经济总量不断提升，已经稳居世界第二名；2022 年，我国货物贸易突破 40 万亿元，连续 6 年保持全球货物贸易第一大国的地位。当前世界 GDP 排名前三的经济体分别为美国、中国、日本，通过 GDP 总量走势图可以看到，中国已经稳超日本，和美国的差距也在逐渐缩小。但是，我们仍要清醒地认识到，我国的经济实力还有进一步提升的空间。我国人均 GDP 目前突破 1.2 万美元，但和美国、日本这样的发达国家相比，还有较大差距；我国经济地位不断提升，但是国际话语权仍有待持续增强。

我国的科技实力不断增强，但是与发达国家仍有差距。我国科技投入不断加大，根据国家统计局数据，2022 年，我国全年 R&D 经费支出 30870 亿元，比上年增长 10.4%，与国内生产总值之比为 2.55%，其中基础研究经费 1951 亿元。国家自然科学基金共资助 5.19 万个项目。截至 2022 年末，有效专利 1787.9 万件，其中境内有效发明专利 328.0 万件。每万人口高价值发明专利拥有量 9.4 件。全年商标注册 617.7 万件，比 2021 年下降 20.2%。全年共签订技术合同 77 万项，技术合同成交金额 47791 亿元，比 2021 年增长 28.2%。我国已经在全球成为具有影响力的科技大国，但是距离成为科技强国仍有差距。图 5-4 可见我国的研发支出占 GDP 的比例上升趋势显著，但目前和美国、日本仍有一定的差距。2020 年我国研发支出占 GDP 的比例为 2.4%，美国为 3.45%，日本为 3.26%。

（万亿美元）

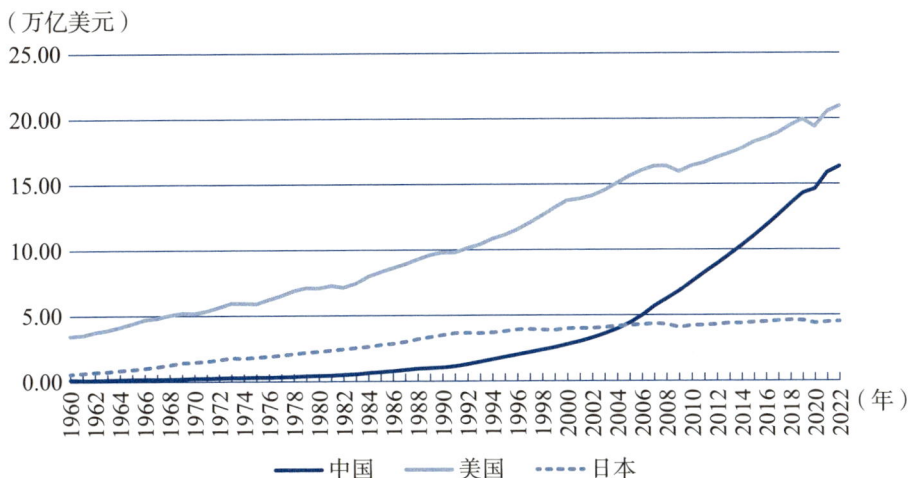

图 5-2　中国和美国、日本 GDP 总量走势图

数据来源：世界银行

（美元）

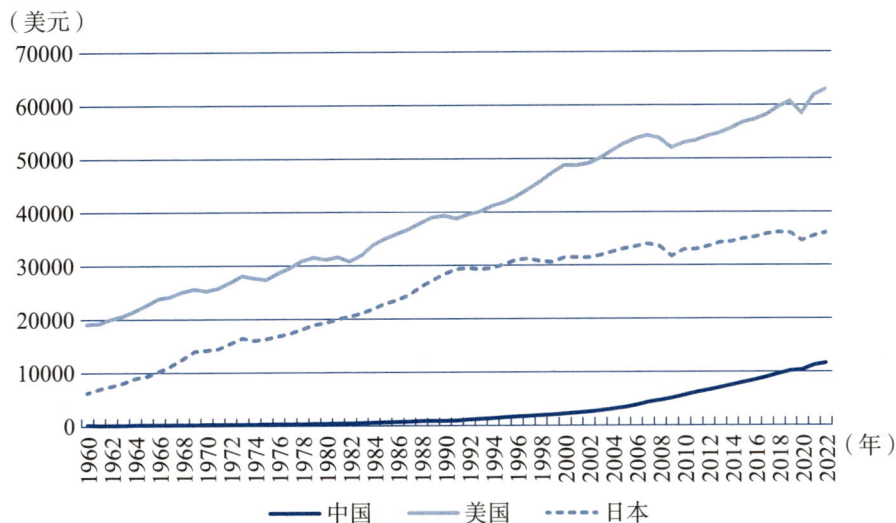

图 5-3　中国人均 GDP 和美国、日本比较

数据来源：世界银行

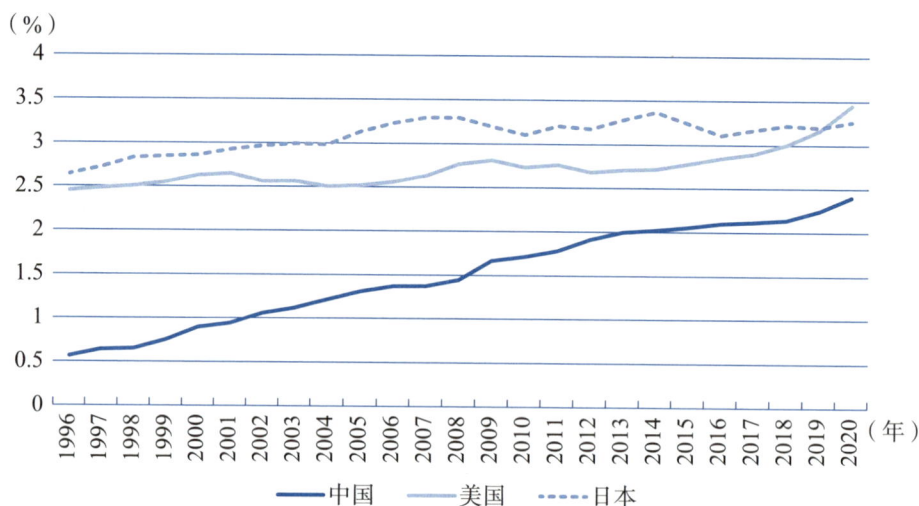

图 5-4　中国研发支出占 GDP 百分比和美国、日本比较

数据来源：世界银行

当今世界正处在大发展大变革大调整时期，我们需要充分考虑中国发展与百年未有之大变局的机遇与风险，既要看到世界和平发展的大潮流和我国仍处在重要战略机遇期，又要看到"逆全球化"思潮等给我国发展带来的挑战。因此，作为世界上最大的发展中国家，我国更加需要提高开放水平，积极参与国际竞争合作，全面提升国际竞争力。新时代中国特色社会主义发展的战略安排，对我国经济社会发展战略进行了重新定位和调整，有助于充分发挥我国产业新优势和发展新潜能，缩小与发达国家的差距，提升我国的国际竞争力，力争在国际赛道中实现"弯道超车"。

2.我国面临的竞争压力不断增大

自有文明交流以来，大国之间的竞争始终贯穿于人类发展历史。守成霸主对新兴追赶者的遏制更是你死我活的激烈博弈。当前，美国已经将我国视为主要战略竞争对手，利用一切手段打压遏制。2022 年发布的最新版《美国国家安全战略报告》称，未来 10 年是应对中国的挑战和竞争的关键 10 年。《美国对中国战略方针》称中国对美国构成经济、价值观和安全三方面的挑战，美国政府将采取"全政府"方式对华竞争，包括国会、州和地方政府、私营部门、民间以及学术界。美国"全政府"竞争性对华战略，本质就是美国政府动员所有资源、手段与中国进行战略竞争。这种竞争策略的基本逻辑是针对我们的短板弱项，尽一切可能限制、削弱我国综合竞争力。

在科技上，美国对我国实施技术封锁，限制我国产业升级，试图将我国锁定在中低端制造业；在产业链供应链上，美积极联合"盟友"实施转链、断链，打击我国实体经济；在金融上，美继续推行美元霸权，随时准备对我国实施金融打击；在文化上，不断实施渗透，抹黑污名化我国形象；在军事上，不断对我国围堵挑衅，触碰底线。这些手段，很多都打在我们过去发展模式的痛点上面。在过去传统发展模式下，我们存在重速度、轻质量，重基础设施投资、轻文化软实力建设，重引进技术、轻自主创新等现象。

从中长期看，中美之间的大国博弈将逐渐演变成两国之间的发展质量和效能之争。谁能赢得发展主动，引领世界发展趋势，成为全球高端制造业中心、科创中心、文化中心、金融中心，谁就能赢得博弈的主动权。这也意味着，我们推动的高质量发展，必须是对标世界一流水平，确保在日益激烈的国际竞争中争得主动。

三、实现高质量发展的战略要求

要更好推动高质量发展，必须加快形成新发展动力、塑造新发展环境、促进共同富裕。

（一）形成新发展动力

要实施科教兴国战略、人才强国战略、创新驱动发展战略有效联动，坚持教育发展、科技创新、人才培养一体推进，推动构建高水平社会主义市场经济体制，塑造发展新优势，确保高质量发展具备强劲动能。

坚持创新驱动发展，实现科技自立自强。加快实现高水平科技自立自强，是推动高质量发展的必由之路。当前，大数据、云计算、人工智能、清洁能源、生物医药、空天海洋等科技与产业发展日新月异，全球经济格局正在发生新变化。世界科技革命与产业变革为我国创新发展提供了新机遇。在激烈的国际竞争中，我们要开辟发展新领域新赛道、塑造发展新动能新优势，从根本上说，还是要依靠科技创新。创新是引领发展的第一动力。中国如果不走创新驱动发展道路，新旧动能不能顺利转换，就不能真正强大起来。要加快实施创新驱动发展战略，强化基础研究，强化前瞻布局，营造创新氛围，推动科技创新和经济社会发展深度融合，塑造更多依靠创新驱动的引领型发展。

大力推进人才强国战略，形成人才红利。高质量发展需要依靠更高的生产效率而非投入更多的传统生产要素。在人口"少子老龄化"趋势下，要重视劳动力质量，把"人口红利"转化为高质量发展的"人才红利"。创造人才红利，要提高人口健康素质。要注重劳动者身心素质和综合素质的培养，大力实施"健康中国"战略，积极推动医疗卫生体制改革，改善学校体育教育和健康教育，促进青少年德智体美劳全面发展。在这一过程中，既要注重新增劳动者素质，又要注重提高在职劳动者素质，让人们健康成长、健康工作，推动人口和经济社会持续、协调、健康发展。创造人才红利，还要优化教育质量。要推动各级各类教育协调发展，注重教育资源的公平性，培养更多高素质劳动者。根据 2020 年第七次全国人口普查结果，我国 16—59 岁劳动年龄人口平均受教育年限达到 10.75 年，比 2010 年的 9.67 年提高了 1.08 年，文盲率下降至 2.67%，每十万人中拥有受教育水平在大专及以上的人口 15467 人，大专及以上受教育程度人口 2.08 亿人，占劳动年龄人口的比重达到 23.61%，比 2010 年大幅提高了 11.27 个百分点。人才规模比重上升超过了 10 个百分点，翻了近一倍。受教育水平的显著提高，促进我国经济发展方式加快转变、产业结构优化升级、全要素生产率不断提高，为经济高质量发展提供新的人才红利支撑。

构建高水平社会主义市场经济体制，形成新制度红利。经济高质量发展，不仅是生产力的现代化，而且是经济关系和经济体制的现代化。要深化经济体制改革，完善经济高质量发展的制度保障，坚决破除各方面体制机制弊端，激发全社会创新创业活力。坚持和完善社会主义基本经济制度，毫不动摇巩固和发展公有制经济，毫不动摇鼓励、支持、引导非公有制经济发展，充分发挥市场在资源配置中的决定性作用，更好发挥政府作用。要着力构建市场机制有效、微观主体有活力、宏观调控有度的经济体制。

（二）塑造新发展环境

构建全国统一大市场，营造良好营商环境。营造良好营商环境，是推动经济发展质量变革、效率变革、动力变革的重要抓手，也是推动经济高质量发展的必要条件。打造良好营商环境的关键，就是要构建全国统一大市场，实现人才、资源、技术全国优化配置，协调发展。良好营商环境能够显著降低制度性交易成本，有效稳定投资者预期，广泛聚集经济资源要素。要扫除阻碍高质量发展的利益羁绊，破除妨碍生产要素市场化配置和商品服务流通的体制机制障碍，形成高效规范、公平竞争、充分开放的国内统一大市场，形成高标准的市场化、法治化、国际化营商环境，构建高水平社会主义市场经济体制。

完善统一的产权保护制度。完善依法平等保护各种所有制经济产权的制度体系。健全统一规范的涉产权纠纷案件执法司法体系，强化执法司法部门协同，进一步规范执法领域涉产权强制措施规则和程序，进一步明确和统一行政执法、司法裁判标准，健全行政执法与刑事司法双向衔接机制，依法保护企业产权及企业家人身财产安全。推动知识产权诉讼制度创新，完善知识产权法院跨区域管辖制度，畅通知识产权诉讼与仲裁、调解的对接机制。

实行统一的市场准入制度。严格落实"全国一张清单"管理模式，严禁各地区各部门自行发布具有市场准入性质的负面清单，维护市场准入负面清单制度的统一性、严肃性、权威性。研究完善市场准入效能评估指标，稳步开展市场准入效能评估。依法开展市场主体登记注册工作，建立全国统一的登记注册数据标准和企业名称自主申报行业字词库，逐步实现经营范围登记的统一表述。制定全国通用性资格清单，统一规范评价程序及管理办法，提升全国互通互认互用效力。

维护统一的公平竞争制度。坚持对各类市场主体一视同仁、平等对待。健全公平竞争制度框架和政策实施机制，建立公平竞争政策与产业政策协调保障机制，优化完善产业政策实施方式。健全反垄断法律规则体系，加快推动修改反垄断法、反不正当竞争法，完善公平竞争审查制度，研究重点领域和行业性审查规则，健全审查机制，统一审查标准，规范审查程序，提高审查效能。

健全统一的社会信用制度。编制出台全国公共信用信息基础目录，完善信用信息标准，建立公共信用信息同金融信息共享整合机制，形成覆盖全部信用主体、所有信用信息类别、全国所有区域的信用信息网络。建立健全以信用为基础的新型监管机制，全面推广信用承诺制度，建立企业信用状况综合评价体系，以信用风险为导向优化配置监管资源，依法依规编制出台全国失信惩戒措施基础清单。健全守信激励和失信惩戒机制，将失信惩戒和惩治腐败相结合。完善信用修复机制，加快推进社会信用立法。

推动国防和军队建设高质量发展，塑造安全发展环境。军事手段是维护发展安全的保底手段。新时代，要确保实现长期稳定的高质量发展，必须有强大的国防和军队作为战略支撑。这就客观上要求我们要不断推动国防和军队的高质量发展，确保保底手段管用、够用。国防实力和经济实力是国家综合实力的重要组成部分，推动经济建设和国防建设融合发展，是关乎国家战略全局的重大战略任务；促进国防实力和经济实力同步提升，是应对世界百年未有之大变局的必然选择，也是实现国家治理体系和治理能力现代化的内在要求。要强化政策制度协调，从根本上保证经济建设和国防建设的协调性和一致性，构建一体化国家战略体系和能力。要优化国防科技工业布局，加强国防领域重点突破，选择适当的布局集聚度可以产生较高的集聚效应，促进规模经济和范围经济的实现。要进一步整合资源，深化国防科技工业体制改革，加快标准化通用化进程，围绕前沿性技术和战略性新兴产业，集中力量实施国防领域重大工程，推动重点区域、重点领域、新兴领域协调发展，抢占军事竞争战略制高点，提升我国国防实力，支撑经济社会发展。要强化全民国防教育，巩固军政军民团结。加强国防教育，坚持把国防教育渗透到文化、体育、思想道德等教育全过程中，是提高国民素质、增强国家综合竞争力的有效途径。结合八一建军节等重大纪念节日，开展相关的主题教育活动，不断弘扬民族精神，凝聚人民的爱国拥军力量，让军人成为全社会尊敬的职业。

（三）在高质量发展中促进共同富裕

党的二十大报告强调，中国式现代化是全体人民共同富裕的现代化。共同富裕是中国特色社会主义的本质要求，也是一个长期的历史过程。我们坚持把实现人民对美好生活的向往作为现代化建设的出发点和落脚点，着力维护和促进社会公平正义，着力促进全体人民共同富裕，坚决防止两极分化。共同富裕，是马克思主义的一个基本目标，是自古以来我国人民的一个基本理想，也是中国式现代化的主要特征。马克思指出，社会主义革命胜利之后的未来社会"生产将以所有人的富裕为目的"。中国共产党自成立之日起，就把为中国人民谋幸福、为中华民族谋复兴作为初心和使命，促进共同富裕是全国人民在党的领导下长期奋斗、共建共享的过程。带领人民创造美好生活，是我们党始终不渝的奋斗目标。新时代，我国社会主要矛盾转化为人民日益增长的美好生活需要和不平衡不充分的发展之间的矛盾，这对改善民生领域工作提出更高的要求，即必须坚持以人民为中心的发展思想，不断促进人的全面发展、全体人民共同富裕。

1. 实现共同富裕是社会主义本质要求

消除贫困、改善民生、实现共同富裕是社会主义的本质要求。共同富裕，是指在生产力发展的基础上，逐步实现全体社会成员的普遍富裕，使人人共享发展成果。按照马克思、恩格斯的构想，共产主义社会将彻底消除阶级之间、城乡之间、脑力劳动和体力劳动之间的对立和差别，实行各尽所能、按需分配，真正实现社会共享、实现每个人自由而全面的发展。科学社会主义的根本价值诉求之一，就是消灭剥削，消除两极分化，实现人人平等和共同富裕。马克思、恩格斯认为，资本主义制度的不合理在于生产资料私有制导致严重的贫富分化，财产日益集中于资本家手中，出现资本家和工人之间的阶级对立。只有消灭资本主义私有制，才能使无产阶级获得彻底解放，在生产力充分发展的基础上，达到共同富裕。

中国特色社会主义是科学社会主义理论逻辑和中国社会发展历史逻辑的辩证统一。解放生产力，发展生产力，走共同富裕道路，是中国特色社会主义的本质要求和根本原则，是改革开放和社会主义现代化建设的重大任务。社会主义代替资本主义之所以是历史发展的必然，根本原因就在于：一方面，贫穷不是社会主义，社会主义能够而且必须创造出比资本主义高得多的生产力；另一方面，贫富悬殊和两极分化也不是社会主义，社会主义的首要价值是体现公平正义、实现共同富裕。社会主义的本质是解放生产力，发展生产力，消灭剥削，消除两极分化，最终达到共同富裕。

要夺取新时代中国特色社会主义伟大胜利，必须坚持发展生产力和实现共同富裕的辩证统一。要坚持不断解放和发展生产力，为实现共同富裕奠定坚实的物质基础；要坚持走共同富裕道路，充分体现公平正义原则，防止出现贫富悬殊和两极分化。这是社会主义区别于以往一切旧社会制度的本质所在，是社会主义制度优越性和生命力所在，是最广大人民的根本利益所在。实现共同富裕，是社会主义的本质要求，也是中国共产党始终不渝的奋斗目标。能否在经济发展的基础上让全体人民共享改革发展成果，决定改革开放和中国特色社会主义事业的兴衰成败。

改革开放以来，我国社会生产力得到极大发展，但收入分配差距拉大问题也日益凸显。当前，促进共同富裕对于党和国家事业的发展，对于彰显中国特色社会主义优势、不断夺取中国特色社会主义新胜利，显得更为紧迫而重要。

坚持共同富裕，才能彰显我们党的根本宗旨，进一步巩固党执政的基础。我们党的根本宗旨决定了我们必须从满足中国最广大人民的根本利益出发，解放和发展生产力，并在此基础上解决好收入分配问题，逐步实现共同富裕。从这个意义上说，只有坚持共同富裕，才能增强党同人民群众的血肉联系，确保我们的政权永不变质。

2. 破解新时代社会主要矛盾必须坚持共同富裕原则

中国式现代化的本质要求之一就是要实现全体人民共同富裕。党的二十大报告指出，到 2035 年基本实现社会主义现代化时，全体人民共同富裕取得更为明显的实质性进展，到 21 世纪中叶把我国建成富强民主文明和谐美丽的社会主义现代化强国时，全体人民共同富裕基本实现。这是我们党历史上第一次把全体人民共同富裕的社会主义本质外化为具体奋斗目标，并安排了进度表、设定了路线图，必将对新时代中国特色社会主义的全面推进具有重大指导意义。

党的十八大以来，以习近平同志为核心的党中央牢牢把握人民群众对美好生活的向往，坚定不移贯彻新发展理念，努力使发展成果更多更公平地惠及全体人民，推动我国朝着共同富裕方向稳步前进。在此基础上，党的十九大立足中国特色社会主义进入新时代的新的历史方位，提出我国社会主要矛盾已经转化为人民日益增长的美好生活需要和不平衡不充分的发展之间的矛盾。要破解社会主要矛盾，带领人民群众实现共同富裕，最重要最基本的要求是坚持以人民为中心的发展思想，着力解决发展不平衡不充分问题，不断促进人的全面发展、全体人民共同富裕。为此，我们党提出要在发展中保障和改善民生，多谋民生之利、多解民生之忧，补齐民生短板、促进社会公平正义。这既是为了解决发展不充分问题，更是为了解决发展不平衡问题。只有不断解决发展不平衡不充分的问题，从而不断满足人民日益增长的美好生活需要，才能将中国特色社会主义全面推进新时代，才能使全体人民共同富裕迈出坚实步伐。

改革开放之初，针对我国生产力落后、人民生活普遍贫穷的现实，邓小平提出，让一部分人、一部分地区先富起来，先富带动后富、最终实现共同富裕，并把这作为社会主义本质的一个方面反复强调。改革开放以来，正是在这一思想指导下，我们党一直坚持发展是硬道理，聚精会神搞建设、一心一意谋发展，经济总量跃居世界第二位，经济实力、科技实力、综合国力、国际竞争力都迈上了一个大台阶，党的面貌、国家的面貌、人民的面貌、军队的面貌、中华民族的面貌都发生了历史性变化。但在这个过程中，我国发展也出现了一系列矛盾和问题，其中最显著的就是发展的不平衡不充分。

改革开放以来，我国城乡区域都取得了快速发展，但发展的速度并不完全一致，有的更快一些，有的较慢一些；人民生活总体上实现了由温饱到小康的历史性跨越，但跨越的幅度也不完全一致，有的已经先富起来了，有的只是维持在小康或温饱的水平线上。在全面建设社会主义现代化国家新征程中，不仅要做大"蛋糕"，更要分好"蛋糕"。如果只是做大了"蛋糕"而分不好"蛋糕"，那就必然会影响做"蛋糕"的人的积极性，因而也就不能把"蛋糕"做得更大。只有在做大"蛋糕"之后分好"蛋糕"，才能使做大的"蛋糕"惠及每一个做"蛋糕"的人，才能做出更大的"蛋糕"。所以，在新发展阶段，我们必须做出更大"蛋糕"的同时，着力分好"蛋糕"。这就需要把"最终实现共同富裕"的社会主义本质落实到新时代中国特色社会主义的基本方略中，让全体人民在全面推进中国式现代化的伟大历史进程中，越来越明显地感受到生活水平的不断提升。

3. 坚持以人民为中心的发展思想

走高质量发展之路，就要坚持以人民为中心的发展思想。随着当前社会主要矛盾发生变化，以人民为中心的发展思想也有了新的发展。必须以满足人民日益增长的美好生活需要为出发点和落脚点，把发展成果不断转化为生活品质，不断增强人民群众的获得感、幸福感、安全感。新征程上，要坚持以人民为中心的发展思想，在高质量发展中促进共同富裕。

2021 年 12 月召开的中央经济工作会议，把正确认识和把握实现共同富裕的战略目标和实践途径，列为进入新发展阶段需要正确认识和把握的新的重大理论和实践问题之一。在高质量发展中促进共同富裕，揭示了推动高质量发展与促进共同富裕的内在联系，在理论和实践上都具有重大意义。以人民为中心是高质量发展必须坚持的根本立场，回答了为谁发展和靠谁发展的问题。人民立场是马克思主义政党的根本政治立场。习近平经济思想创造性地提出以人民为中心的发展思想，坚持把人民利益作为党领导经济工作的根本出发点和落脚点，强调发展为了人民、发展依靠人民、发展成果由人民共享，鲜明回答了为谁发展、靠谁发展的时代问题。

首先，为了人民发展，发展才有意义。发展是着眼于物的发展还是人的发展，这是一个根本性问题。是否以人民为中心，是马克思主义发展观区别于资本主义发展观的关键所在。作为马克思主义执政党，坚持以人民为中心的发展观是我们党的宗旨所决定的。这个问题一旦搞偏了，就会出方向性问题。要始终把最广大人民根本利益放在心上，坚定不移增进民生福祉，把高质量发展同满足人民美好生活需要紧密结合起来。党的十八大以来，我们党把造福人民作为最重要的政绩，把实现好、维护好、发展好最广大人民根本利益作为一切工作的出发点和落脚点，着力解决好群众关心的就业、教育、社保、医疗、住房、养老、食品安全、社会治安等实际问题。

其次，依靠人民发展，发展才有动力。唯物史观认为，人民是历史的创造者，是决定社会发展的根本力量。在百年征程中，我们党形成了"从群众中来，到群众中去"的优良传统和工作作风。早在抗日战争时期，我们党就发动群众，开展大生产运动，瓦解了日寇对我们的经济封锁。改革开放后，我们党带领人民取得了经济发展奇迹。党的十八大以来，中国特色社会主义进入新时代。以习近平同志为核心的党中央带领亿万人民自信自强、守正创新，建小康、战贫困、促改革、抗疫情、治污染、化风险，撸起袖子加油干，一张蓝图绘到底，创造了让世界刮目相看的奇迹。我们在认识和实践上的每一次突破和发展，每一个新生事物的产生和发展，每一个方面经验的创造和积累，无不来自亿万人民的实践和智慧，这些丰功伟绩背后，都蕴藏着人民群众丰富的智慧和无限的创造力。正如中国"友谊勋章"获得者、法国前总理拉法兰在 2019 年接受记者采访时所说的："很难预估中国未来 30 年的发展，正如过去无人预见中国能够实现如此高速的发展。尽管世界对中国发展成就感到惊讶，但我个人对中国人民充满信心，因为我很了解中国，对中国人民有很深的感情。中国人民既聪明又勤劳，是中国最宝贵的财富，当他们奋力拼搏、开拓进取时，各种机会自然会降临。"[1]

最后，发展成果由人民共享，发展才有价值。让广大人民群众共享改革发展成果，是社会主义的本质要求，也是习近平经济思想人民立场的重要体现。因此，检验高质量发展的工作成效，要看人民是否真正得到了实惠，人民生活是否真正得到了改善，人民权益是否真正得到了保障。这就要求我们在推动高质量发展过程中，注重民生、保障民生、改善民生，让发展成果更多更公平惠

---

[1]　让·皮埃尔·拉法兰：《七十年奋斗，中国成就斐然》，《人民日报》2019 年 9 月 23 日，第 3 版。

及广大人民群众。中国共产党成功的关键就在于始终代表人民的利益，始终是得民心的。时代是出卷人，我们是答卷人，人民是阅卷人。高质量发展搞得成功不成功，最终的判断标准是人民是不是共同享受到了发展的成果。

四、加快建设现代化经济体系

高质量发展的核心就是建设现代化经济体系。党的二十大报告强调"加快建设现代化经济体系"。只有建立起现代化经济体系，才能真正转变经济发展方式，使经济结构得到优化升级，找到新的经济增长动能，构建起新发展格局。建设现代化经济体系，这是党中央从党和国家事业全局出发，着眼于实现建设社会主义现代化强国、顺应中国特色社会主义进入新时代的新要求作出的重大决策部署。国家强，经济体系必须强。只有建设现代化经济体系，才能更好顺应现代化发展潮流和赢得国际竞争主动，为其他领域现代化提供有力支撑。

（一）建设现代化经济体系是跨越关口的迫切要求

我国经济已由高速增长阶段转向高质量发展阶段，正处在转变发展方式、优化经济结构、转换增长动力的攻关期，建设现代化经济体系是跨越关口的迫切要求和我国发展的战略目标。现代化经济体系是现代化国家的应有之义，没有现代化经济体系的国家不可能是现代化国家。人类社会迄今已经历三次比较大的现代化浪潮，西欧、北美各国以及日本等国家抓住机遇，相继实现了现代化转型，成为发达国家。从这些国家的发展历程可以发现，经济体系的现代化是国家现代化最重要的支撑。我国经过改革开放40多年的快速发展，综合国力和国际地位显著提升，但当前离现代化国家的目标仍有较大的差距，"大而不强"的特征仍然十分明显。要解决社会主义现代化过程中的各种问题，必须加快建设现代化经济体系，不断激发全社会创造力和发展活力，提高发展的质量和效益，推动经济持续健康发展。

20世纪80年代，党中央提出我国社会主义现代化建设分三步走的战略目标。党的十八大强调实现"两个一百年"奋斗目标。党的二十大把握中国特色社会主义新时代发展大势，提出全面建成社会主义现代化强国的总的战略安排：从 2020 年到 2035 年基本实现社会主义现代化；从 2035 年到本世纪中叶把我国建成富强民主文明和谐美丽的社会主义现代化强国。只有建成现代化经济体系，才能更好顺应现代化发展潮流和赢得国际竞争主动，也才能为其他领域现代化提供有力支撑。我们要按照建设社会主义现代化强国的要求，加快建设现代化经济体系，确保社会主义现代化强国目标如期实现。中国经过改革开放以来的快速发展创造了举世瞩目的经济奇迹，已经成为世界经济增长的主要动力源和稳定器。然而随着经济总量不断增大，我们在发展中遇到了一系列新情况新问题。建设现代化经济体系，是我国经济发展跨越由"量"到"质"关口的迫切要求，也是化解发展过程中各类矛盾问题，加快全面建设社会主义现代化国家的坚实基础。

从国内看，我国经济进入新发展阶段，呈现增速转轨、结构转型、动能转换的特点。同时，长期积累的结构性矛盾仍然突出。我国改革已进入深水区、攻坚期，国民经济正处在转变发展方式、优化经济结构、转换增长动力的攻关期。从国际看，国际金融危机深层次影响继续显现，世界经济复苏进程仍然曲折，保护主义、单边主义、民粹主义以及逆全球化思潮抬头，输入型负面影响不可低估。只有实现高质量发展，建设现代化经济体系，才能推动经济建设再上新台阶、跨越关口，确保全面建设社会主义现代化国家进程顺利推进。

（二）建设现代化经济体系的重大举措

现代化经济体系，是由社会经济活动各个环节、各个层面、各个领域的相互关系和内在联系构成的一个有机整体。要建设创新引领、协同发展的产业体系，实现实体经济、科技创新、现代金融、人力资源协同发展，使科技创新在实体经济发展中的贡献份额不断提高，现代金融服务实体经济的能力不断增强，人力资源支撑实体经济发展的作用不断优化。要建设统一开放、竞争有序的市场体系，实现市场准入畅通、市场开放有序、市场竞争充分、市场秩序规范，加快形成企业自主经营公平竞争、消费者自由选择自主消费、商品和要素自由流动平等交换的现代市场体系。要建设体现效率、促进公平的收入分配体系，实现收入分配合理、社会公平正义、全体人民共同富裕，推进基本公共服务均等化，逐步缩小收入分配差距。要建设彰显优势、协调联动的城乡区域发展体系，实现区域良性互动、城乡融合发展、陆海统筹整体优化，培育和发挥区域比较优势，加强区域优势互补，塑造区域协调发展新格局。要建设资源节约、环境友好的绿色发展体系，实现绿色循环低碳发展、人与自然和谐共生，牢固树立和践行绿水青山就是金山银山的可持续发展理念，形成人与自然和谐发展的现代化建设新格局。要建设多元平衡、安全高效的全面开放体系，发展更高层次开放型经济，推动开放朝着优化结构、拓展深度、提高效益方向转变。要建设充分发挥市场作用、更好发挥政府作用的经济体制，实现市场机制有效、微观主体有活力、宏观调控有度。以上几个体系是统一整体，要一体建设、一体推进。我们建设的现代化经济体系，要借鉴发达国家有益做法，更要符合中国国情。建设现代化经济体系，需要扎实管用的政策举措和行动，应突出抓好以下几方面工作。

第一，建设现代化产业体系，筑牢现代化经济体系的坚实基础。坚持把发展经济的着力点放在实体经济上，推进新型工业化，加快建设制造强国、质量强国、航天强国、交通强国、网络强国、数字中国。要深化供给侧结构性改革，加快发展先进制造业，推动互联网、大数据、人工智能同实体经济深度融合，推动资源要素向实体经济集聚、政策措施向实体经济倾斜、工作力量向实体经济加强，营造脚踏实地、勤劳创业、实业致富的发展环境和社会氛围。同时，还要着重优化基础设施布局、结构、功能和系统集成，构建现代化基础设施体系。

第二，加快实现高水平科技自立自强。党的二十大报告指出，坚持面向世界科技前沿、面向经济主战场、面向国家重大需求、面向人民生命健康，加快实现高水平科技自立自强。要看到，建设现代化经济体系，推动质量变革、效率变革、动力变革，都需要强大科技支撑。要加强国家创新体系建设，强化战略科技力量，推动科技创新和经济社会发展深度融合，塑造更多依靠创新驱动、更多发挥先发优势的引领型发展。经过长期努力，我国科技发展成就显著，一些重大科技成果进入世界先进行列。但是，我国科技创新能力与经济实力还不相称，与现代化经济体系和人民美好生活的需求还不适应。必须坚定不移贯彻新发展理念，深入实施科教兴国战略、人才强国战略、创新驱动发展战略，努力实现到2035年跻身创新型国家前列的目标。

第三，要促进区域协调发展，优化现代化经济体系的空间布局。党的二十大报告指出："深入实施区域协调发展战略、区域重大战略、主体功能区战略、新型城镇化战略，优化重大生产力布局，构建优势互补、高质量发展的区域经济布局和国土空间体系。"我国幅员辽阔、人口众多，各地区自然资源禀赋差别之大在世界上是少有的，统筹区域发展从来都是一个重大问题。党的十八大以来，党中央把促进区域协调发展摆在更加重要的位置，推动了京津冀协同发展、长江经济带发展、粤港澳大湾区建设、长三角一体化发展、黄河流域生态保护和高质量发展等一系列区域重大战略。同时，西部大开发、东北振兴、中部崛起、东部率先发展四大区域板块战略进一步完善，我国区域协调发展呈现出分工合理、优势互补、相得益彰的崭新局面。乡村全面振兴是一盘大棋，这是建设现代化经济体系的重要基础。必须始终把解决"三农"问题作为全党工作重中之重，建立健全城乡融合发展体制机制和政策体系，加快推进农业农村现代化，深化农业供给侧结构性改革。

第四，要推进高水平对外开放，提升现代化经济体系的国际竞争力。依托我国超大规模市场优势，以国内大循环吸引全球资源要素，增强国内国际两个市场两种资源联动效应，提升贸易投资合作质量和水平。要更好利用全球资源和市场，继续积极推进"一带一路"框架下的国际交流合作。必须统筹国内国际两个大局，贯彻开放发展理念，坚持对外开放的基本国策，发展更高层次的开放型经济。以"一带一路"建设为重点，坚持引进来和走出去并重，形成陆海内外联动、东西双向互济的开放格局。拓展对外贸易，培育外贸新业态新模式，优化进出口结构。全面实行准入前国民待遇加负面清单管理制度，大幅度放宽市场准入，扩大服务业对外开放，优化区域开放布局。创新对外投资方式，促进国际产能合作，形成面向全球的贸易、投资、生产、服务网络。

第五，构建高水平社会主义市场经济体制，完善现代化经济体系的制度保障。要加快完善社会主义市场经济体制，坚决破除各方面体制机制弊端，激发全社会创新创业活力。必须以完善产权制度和要素市场化配置为重点深化经济体制改革，坚决破除制约发展活力和动力的体制机制障碍。坚持和完善社会主义基本经济制度，毫不动摇巩固和发展公有制经济，毫不动摇鼓励支持引导非公有制经济发展，完善国有资产管理体制，深化国有企业改革，支持民营企业发展。营造良好营商环境。打造良好营商环境的关键，是要构建全国统一大市场，实现人才、资源、技术全国优化配置，协调发展。形成高标准的市场化、法治化、国际化营商环境。全面实施市场准入负面清单制度，加快要素价格市场化改革，完善市场监管体制。创新和完善宏观调控。充分发挥国家发展规划战略导向性作用，健全财政、货币、产业、区域、消费、投资等经济政策协调机制，加快建立现代财政制度，健全现代预算制度，优化税制结构，完善财政转移支付体系。深化金融体制改革，建设现代中央银行制度，加强和完善现代金融监管，强化金融稳定保障体系。

新时代，全面建设社会主义现代化国家的蓝图已经绘就，高质量发展的"四梁八柱"已经搭起，只要我们坚持改革不停顿、创新不懈怠，就一定能够在高速度增长的"中国奇迹"之后，再创一个高质量发展的"中国奇迹"。

第 六 章

牢牢守住
经济安全底线

统筹发展和安全，增强忧患意识，做到居安思危，是我们党治国理政的一个重大原则。党的十九届五中全会审议通过的《中共中央关于制定国民经济和社会发展第十四个五年规划和二〇三五年远景目标的建议》，注重处理好发展和安全的关系，就统筹发展和安全、建设更高水平的平安中国提出明确要求、作出工作部署，对在复杂环境下更好推进我国经济社会发展具有重大指导意义。因此，推动高质量发展，必须牢牢守住经济安全底线。

冷战结束以来，世界格局出现重大转变，世界各国形成相互联系、相互渗透、相互依存、相互竞争、共同发展的国际经济关系，除军事、政治等传统安全外，国际经济不稳定性、贸易冲突、产业竞争等经济安全问题日益凸显。从概念上看，经济安全主要指经济健康稳定发展的状态，以及国家维持这种发展状态的能力。维护经济安全，就是保持经济长期稳定健康发展，并确保这种发展不受根本威胁。改革开放以来，我国经济实力实现历史性跃升，我国发展站在新的更高历史起点上。但也要看到，一些地方和部门仍片面追求速度规模、发展方式粗放，经济社会发展仍然面临发展动力减弱、产业链供应链安全受制于人、重大经济金融风险累积等风险挑战。

一、维护国家经济安全的重大意义

经济安全是国家安全体系的重要组成部分，是国家安全的基础。国家制定和实施安全战略，经济利益是基本的出发点。经济实力的强弱不仅影响政治、社会稳定，而且关系国防军事等领域建设的财力保障。国家安全的方方面面都离不开经济这个基础。

（一）经济安全是我们党长期执政的重要基础

自政党出现以来，任何政党要赢得人民的支持和拥护，都必须搞好经济，让人民过上好日子。反之，一个政党如果无法带领人民实现经济稳定发展，提升民生水平，最终会被历史和人民抛弃。1917 年二月革命后，俄国布尔什维克公开提出"和平、土地、面包"的口号，赢得了广大工农的支持，最终通过十月革命夺取政权。但是，苏联长期执行高度集中的计划经济体制，片面发展重工业、国防军事工业，忽视与人民生活密切相关的农业、轻工业、服务业发展，导致国民经济结构失衡，国家经济安全出现重大风险。苏共没有兑现当初许下的承诺，最终失去了苏联人民的信任，失去了政权。

通过不断奋斗，我们党已经发展成为一个走过百年光辉历程、在最大的社会主义国家执政 70 余年、拥有 9800 多万党员的世界上最大的马克思主义执政党。放眼全球各国政党，连续执政超过 70 年的屈指可数。中国共产党领导中国人民一步一步完成了救国、兴国、富国的伟业，并朝着强国大业不断迈进。可以说，中国共产党创造了人类政党历史的执政奇迹。我们党既讲"民心是最大的政治"，又讲"民生是最大的政治"。两个"最大的政治"是相通的、统一的，我们党始终在发展民生中赢得民心，这也是我们能够实现长期执政的重要原因，而经济安全又是发展民生的前提。老百姓追随党是坚信跟着我们党能过上好日子。随着经济发展水平的不断提升，人民群众对美好生活的期待也不断提升，这也对我们维护经济安全提出了更高要求。

（二）经济安全是实现国防和军队建设现代化的重要基础

"大炮一响，黄金万两。"在资源有限的前提下，一国的国防支出占 GDP 的比重，总是在一定的区间内波动。国防支出如果超出经济基础的承受范围，最终会拖累经济发展，增加经济安全风险。因此，要提升国防支出规模，增强国防投入，最直接有效的办法，就是做大经济基础。当前，我军现代化建设正快速发展，要在 2035 年基本实现国防和军队现代化，到 2050 年全面建成世界一流军队。随着军队现代化程度不断提升，我们对军费投入的需求也在提升。经济安全得不到保障，国家出现系统性经济风险，最终会影响我军现代化建设，削弱军队战斗力水平。

（三）经济安全是保障其他领域安全的重要基础

我国国家安全体系涉及政治、国土、军事、经济、文化、社会、科技、网络、生态、资源、核、海外利益、太空、深海、极地、生物等多个领域。无论是传统安全领域还是非传统安全领域，都需要经济安全作为支撑。脱离了这个基础，任何一个领域的安全都难以做好。例如，当今世界各国都认识到太空安全的重要性，但要形成维护太空安全的战略能力，必须有强大的经费支持和完整的航天工业体系。绝大部分国家都不具备独立探索和利用太空资源的能力，更不具备维护本国太空安全的能力。新冠疫情让世界各国高度重视生物安全问题。中国是这场疫情大考中做得最好的主要经济体，向世界展示了我们维护生物安全的强大能力，这与中国经济长期安全稳定发展密不可分。

二、当前我国经济安全面临的风险挑战

近年来，我国增长速度换挡期、结构调整阵痛期、前期刺激政策消化期三期叠加，经济增长传统红利相对减弱，经济安全面临多种风险挑战。

（一）传统红利有所衰减

人口红利有所衰减，经济增长动力趋缓。人口是影响一国经济发展的关键变量，低出生率、老龄化趋势和高端人才相对短缺等问题，可能影响我国经济安全。20 世纪 80 年代以来，我国年度出生人口数量呈下降趋势，而老龄化程度却在逐步加深。截至 2022 年末，全年出生人口 956 万人，出生率为6.77‰。60 岁及以上人口占比达到 19.8%，65 岁及以上人口占比达到 14.9%。根据国际标准，当 60 岁以上人口比例超过 10% 或 65 岁以上人口超过 7%，就可以判定一国已进入老龄化社会。我国人均 GDP 仍处于中等收入水平，但

老龄化程度已经接近发达国家水平。同时，我国就业人口结构性矛盾开始显现，高端人才数量、质量与发达国家相比，还有差距。截至 2021 年，我国技能劳动者占就业人口总量仅为 26%，高技能人才仅占技能人才总量的 30%。从供给侧看，制造业招工难、用工难问题亟待解决。从需求侧看，老龄化社会总体消费倾向较低，社会中最具消费能力和活力的中青年人口比例下降，造成社会有效需求不足。

技术红利开始减弱，产业链升级压力加大。发展中国家在经济发展过程中，往往具备技术性后发优势，即从发达国家引进各种先进技术，通过学习、消化、吸收和创新推动本国制造业快速发展。我国制造业的发展就是从学习借鉴开始，最终成为世界制造业第一大国的。当前，我国正处于产业链由中低端向高端跃升阶段，产业技术壁垒不断提高，关键核心技术已经很难通过仿造借鉴来掌握。2018 年以来，美国针对我国中高端制造业实施多项制裁，企图遏制我国高新技术行业发展。同时，发达国家推行制造业回流战略，对我国产业链升级形成新的压力。

（二）实体经济发展放缓

从历史规律看，一国在迈入中高收入行列后，制造业增加值占 GDP 比重开始较快下降。截至 2022 年，我国制造业增加值占 GDP 比重的 27.7%，较高峰时期已呈现下降趋势。同时，实体经济和金融业的收入差距也不断拉大，导致资本、人才不断流向金融行业，进而加剧经济结构脱实向虚。实体经济是一国经济的立身之本、财富之源。制造业过早、过快衰退会导致国家经济增长动力减弱，就业岗位减少，降低本国经济抵御风险能力。经济脱实向虚容易诱发金融行业过度繁荣，生成资产泡沫，增大产业空心化风险。从历史上看，20 世纪 90 年代，日本实体经济出现衰退，经济发展过度依赖金融地产等虚拟经济，最终经济泡沫的破裂让日本经济陷入了所谓"失去的 30 年"。未来，我们要高度警惕经济结构脱实向虚倾向，大力支持实体经济发展。

（三）粮食、能源安全面临挑战

粮食安全是"国之大者"，必须牢牢抓住粮食生产这个命根子。由于农业产业结构调整、非农建设占用耕地等，我国耕地面积不断减少。2009—2019年，我国耕地面积从 20.31 亿亩下降到 19.18 亿亩，平均每年减少耕地面积超过 1000 万亩。目前我国人均耕地面积已不足 1.4 亩，仅仅为世界平均水平（人均 2.7 亩）的一半多一点。我国粮食结构性短缺问题依然存在，对外依存度较高。2022 年，我国粮食产量达 68653 万吨，但进口粮食 14687 万吨，占粮食总产量的 21%。

全球能源危机显现，保障能源安全任务艰巨。能源资源特别是油气资源是战略资源、经济资源，也是外交资源、军事资源。近年来，受国际形势变化和新冠疫情影响，全球范围内能源供给短缺，价格持续上涨。我国能源进口依赖度较高，能源安全问题不可小觑。2022 年，我国生产原油达到 20467 万吨，创 6 年来新高，但同年进口原油达 50828 万吨，对外依赖度超过 70%。目前我国能源供需总体平衡，但局部地区季节性和阶段性的失衡仍然存在。同时，在新能源核心技术研发、清洁能源应用等能源转型新技术领域，我国还存在技术短板，距离实现"双碳"目标要求仍有差距。

（四）产业链供应链安全受制于人

党的二十大报告强调要"着力提升产业链供应链韧性和安全水平"。随着世界经济、政治、社会等领域矛盾相互叠加、相互影响，全球产业链供应链面临调整重构，我国产业链供应链安全面临挑战。首先，发达国家对本土制造业振兴和产业链供应链安全进行深刻反思，致力于将关键性产业或生产环节迁回国内，加剧了中国面临的产业转移风险。全球金融危机以来，发达国家开始全面反思脱实向虚的发展模式，纷纷实施"再工业化"战略，推动高端制造业回流本土。欧美等经济体为降低本土制造业的生产成本，出台了一系列鼓励产业回流的优惠政策。其次，发展中国家与我国产业链供应链竞争加剧。目前，印度、泰国、越南、马来西亚等国已经进入快速工业化通道，形成新兴市场，国际资本、技术与当地丰富廉价的劳动力、土地结合，大大提升了这些国家制造业发展水平。这些国家正以更低的成本承接劳动密集型制造业的转移，一些跨国资本直接到新兴市场投资设厂，有的则考虑将中国工厂迁至其他新兴市场，对我国制造业形成较大挑战。需要特别警惕的是，当前美国正试图将其资本、技术、市场与印度等国的劳动力、原材料、市场结合起来，形成闭环链路，推动产业链供应链"去中国化"，这对我国产业链供应链安全造成极大威胁。

（五）金融风险积聚

金融活经济活，金融稳经济稳。金融与风险始终相伴。历史上的大国兴衰往往与金融能力密切相关。20世纪的拉美债务危机、亚洲金融危机，21世纪的次贷危机、欧债危机，对世界经济安全影响巨大。改革开放以来，随着我国经济高速增长，金融市场也快速发展，银行、证券、房地产行业快速发展，金融市场规模也跃居世界前列。但是，金融市场在实现快速发展的同时，各类风险也在不断集聚。

首先，地产快速扩张，催生市场泡沫。在过去一个时期，部分地方政府陷入"唯GDP"的竞争怪圈，在发展过程中盲目扩张、投资，部分地区过度依赖土地财政，房地产市场出现粗放型发展，特别是部分房地产企业盲目利用杠杆不断推高房价，过高的房价成为高悬在中国经济头上的"堰塞湖"。房地产是影响宏观经济稳定的重大问题，牵涉面非常广。地产既是地方财政收入的重要来源，也是金融扩张的依托，还关乎民生，影响社会稳定。如果不能让过高的房价软着陆，将会对国家经济发展造成较大冲击。

其次，依赖土地财政，地方政府形成高额债务。土地财政的核心是土地的融资功能。从20世纪90年代开始，伴随着房价上涨，土地出让金逐步成为地方政府财政收入的重要来源。[①]数据显示，近几年来，土地出让金占地

---

① 1998年地方政府土地出让收入为507亿元，到2020年这一收入规模已高达8.4万亿元，增长约165倍。

方财政收入比重已经接近40%，房地产市场成为地方政府的"银根""财库"。在土地财政的推动下，地方政府往往大力推动"基建工程"，并通过融资平台进行融资举债。一些地方政府通过各类投资基金、PPP项目、政府购买服务等方式变相举债，形成了大量隐性债务，不断推高地方政府负债率。一旦管控不当，地方政府债务出现大规模违约，就可能演化为系统性经济风险。最后，信贷杠杆过度，金融机构放大系统风险。伴随着房地产业的发展，以银行为代表的金融机构通过为政府、企业、个人融资放贷，也获得大量收益。在盈利冲动的影响下，部分中小银行绕过金融监管，违规放贷屡禁不止，中小金融机构暴雷风险增加，也进一步放大了经济金融系统性风险。

总之，当前我国金融风险挑战主要集中在金融资本市场、房地产市场、地方政府债务和大型企业信用债等方面。随着我国金融改革与金融创新进程不断加快，金融业对外开放程度不断加深，金融领域各主体间联系紧密，容易诱发系统性金融风险，必须高度重视财政金融领域风险隐患，坚决守住不发生系统性金融风险的底线。

三、维护我国经济安全的战略举措

维护我国经济安全，归根到底是要化解风险，保持经济长期稳定发展，为实现全面建成社会主义现代化强国目标提供战略支撑。

（一）稳步发展实体经济，确保经济基础牢固

要巩固实体经济的基础性作用。实体经济是经济增长的动力源泉，是一国经济健康发展的立身之本，也是维护国家经济安全的重要抓手。工业革命以来，每个历史时期的大国、强国在发展过程中都必须依靠强大的实体经济作为支撑。我国是拥有14亿多人口的世界上最大的发展中国家，经济、民生、国防等方方面面都离不开实体经济这个基础。

改革开放以来，我们实现了经济持续中高速增长的发展奇迹，以工业制造业为代表的实体经济成为经济增长的动力引擎。当前，我国制造业发展受

到传统红利下降、原材料成本上升、国际竞争加剧等因素冲击，面临经济结构脱实向虚压力，产业空心化风险加剧。新发展阶段，我们要加快发展先进制造业和战略性新兴产业，坚定不移实施制造强国战略，通过产业升级化解产业空心化风险，确保实体经济这个根本不动摇。

（二）健全风险预警防控机制，有效应对各类挑战

随着人类经济发展水平不断提高，经济体系日益庞大，金融工具更加复杂多样。经济安全风险具有联动的特点，一旦爆发，传播速度快、负面影响大，容易产生连锁反应。2008 年爆发的次贷危机，发端于美国房地产次级信用贷款出现的违约风险，由于现代金融衍生产品将保险公司、投资银行、房地产公司卷入其中，并通过金融体系迅速向全球蔓延，很快就发展成为世界性的经济危机。

当前，我国经济体量不断增大，经济安全风险点多面广。由于我国经济安全风险预警、防控机制尚不健全，亟待补齐短板、堵上漏洞、增强能力。应充分利用大数据、云计算等先进技术完善风险指标收集，对经济运行过程实施动态监控，重点构建经济安全风险防控体系，一旦出现风险苗头，能够快速形成动态预警分析结果，为宏观管理和决策提供参考。

（三）坚持开放发展，加快构建新发展格局

面对日趋激烈的国际竞争挑战，我们应着力构建以国内大循环为主体、国内国际双循环相互促进的新发展格局。这是党中央根据我国发展阶段、环境、条件变化，特别是基于我国比较优势变化，审时度势作出的重大决策。

我国经济已经深度融入世界经济体系，内外需市场已形成相互依存、相互促进的有机整体。新发展格局以国内大循环为主体，既不是关起门来谋发展，也不是"两头在外、大进大出"。新发展格局是通过发挥内需市场优势，吸引全球优质资源要素，让国内国际两个市场产生联动效应，提升我国在全球配置资源的能力，有效应对外部经济冲击。

（四）调结构转动能，形成经济增长新红利

一方面，要把经济发展重心转向国内市场，充分发挥我国市场优势，加快建设全国统一大市场，畅通全国内循环，把实施扩大内需战略同深化供给侧结构性改革结合起来，加快培育现代化内需体系。另一方面，要积极寻找经济增长新红利。继续完善三孩生育政策和"双减"政策，提高生育率，促进经济持续增长。充分发掘银发经济潜力，开发适合老龄化人口的技术、产品，培育智慧养老等新业态，激发老龄人口消费需求。同时，要从国家、企业、人才、制度等各个方面协同用力，强化国家战略科技力量，提升企业技术创新水平，激发人才创新活力，完善创新体制，在人工智能、大数据、量子通信等高技术领域打造核心竞争优势。

（五）防范重点领域风险，守住安全底线

要强化国家经济安全保障，着力提升粮食、能源、金融领域安全发展能力。在粮食安全方面，要牢牢守住18亿亩耕地红线，稳步增加粮食产量，进一步提升粮食储备调控能力，加强种子库建设，确保种源安全。

在能源安全方面，要增强能源持续稳定供应和风险管控能力，加快能源技术创新、大力发展绿色低碳能源，有效推进碳达峰碳中和。在金融安全方面，要不断推动形成现代金融体系，让金融更好地服务实体经济，对违法违规行为零容忍。坚决稳定房地产市场，不断完善金融市场监管机制。实施审慎货币财政政策，加强对地方政府投融资平台监管力度，逐步降低地方政府债务杠杆率。规范中小金融机构、企业信用贷款业务，严惩逃废债行为。

（六）加强国际合作，掌握经济安全国际主动权

积极推动经济全球化，坚决反制其他国家对我国实施的贸易制裁和科技制裁。继续优化我国出口商品结构，增加高附加值产品出口比例。继续加强与"一带一路"共建国家和地区经贸合作，实现互惠双赢。继续推进人民币国际化战略，不断增强人民币国际影响力。保持汇率稳定，不断优化外汇储

备结构。充分发挥亚投行、APEC 等国际组织平台作用，继续推进加入《全面与进步跨太平洋伙伴关系协定》（CPTPP）进程，不断增强我国在国际经济中的影响力和话语权。

第 七 章

深刻理解
"十四五"规划战略布局

"十四五"时期是我国全面建成小康社会、实现第一个百年奋斗目标之后，乘势而上开启全面建设社会主义现代化国家新征程、向第二个百年奋斗目标进军的第一个五年。中国共产党第十九届中央委员会第五次全体会议深入分析国际国内形势，全体会议通过《中共中央关于制定国民经济和社会发展第十四个五年规划和二〇三五年远景目标的建议》（以下简称《建议》）。《中华人民共和国国民经济和社会发展第十四个五年（2021—2025 年）规划和 2035年远景目标纲要》（以下简称"十四五"规划）依据《建议》编制，主要阐明国家战略意图，明确政府工作重点，引导规范市场主体行为，是我国开启全面建设社会主义现代化国家新征程的宏伟蓝图，是全国各族人民共同的行动纲领。

一、把握"十四五"规划的主要考虑和重大意义

习近平总书记指出，在党的领导下，发挥好中国特色社会主义制度优势，科学编制实施"十四五"规划和 2035 年远景目标纲要，对于巩固拓展全面建成小康社会和脱贫攻坚成果，开启全面建设社会主义现代化国家新征程具有重大意义。

（一）"十四五"规划的主要考虑

"十四五"规划虽然是"十三五"规划的继续，但由于它处于"两个一百年"奋斗目标的历史交汇期，是在全面建成小康社会的基础上，乘势而上开启全面建设社会主义现代化国家新征程的第一个五年规划，因此必须开好头、布好局。这对于中国经济社会发展乃至全面建成社会主义现代化强国、实现中华民族伟大复兴的中国梦具有重大而深远的作用。

1. 基于历史方位，"十四五"规划服务于新时代新的发展需要

党的十九大报告指出："经过长期努力，中国特色社会主义进入了新时代，这是我国发展新的历史方位。"新时代到来的标志主要体现在：一是中国特色社会主义进入新的发展阶段，无论是发展理念、方式，还是发展环境和条件，都有重大转变，发展水平和要求也变得更高。二是我国社会主要矛盾发生了重大历史性变化，已经由人民日益增长的物质文化需要同落后的社会生产之间的矛盾，转化为人民日益增长的美好生活需要和不平衡不充分的发展之间的矛盾。三是我国在国际上的地位有了显著提高，已经不再是国际秩序的被动接受者，而是积极的参与者、建设者，甚至是引领者。如何把握住新时代这个新的历史方位，更好满足人民日益增长的美好生活需要，不断提升中国的国际竞争力和影响力，都需要"十四五"规划作出科学的战略目标和重点部署。

2. 基于奋斗目标，"十四五"规划关乎"两个一百年"奋斗目标的前后接续

"两个一百年"奋斗目标是中国共产党向未来、向世界、向人民作出的庄严承诺。党的十九大报告指出："从十九大到二十大，是'两个一百年'奋斗目标的历史交汇期。""十四五"规划正是处于"两个一百年"奋斗目标历史交汇期的第一个五年规划，其重要性不言而喻。它既接续第一个百年奋斗目标，巩固发展全面建成小康社会的重要成果，又开启第二个百年奋斗目标，为全面建成社会主义现代化强国奠定坚实基础。一方面，"两个一百年"奋斗目标的历史交汇期是我国转变发展方式、转换增长动力、优化经济结构的重要攻关期。在没有其他国家现成经验可借鉴的基础上，我们必须在这一交汇期中，既查漏补缺、固强补弱，做好与第一个百年奋斗目标的衔接，又夯基筑垒、谋势定局，从战略全局的高度对第二个百年奋斗目标进行统筹规划。另一方面，在"两个一百年"奋斗目标的历史交汇期，我国经济社会发展面临许多新矛盾和新要求。改革开放40多年来，我国社会生产力的发展已经达到较高水平，但与人民日益增长的美好生活需要相比仍然有较大差距，尤其是我国发展不平衡不充分的问题依然比较突出。因此，在向第二个百年奋斗目标迈进、实现中华民族伟大复兴中国梦的征途中，我们还有很多"雪山"需要攀爬、许多"草地"需要穿越，还有许多"娄山关"需要攻克、许多"腊子口"需要征服。

3. 基于发展全局，"十四五"规划关乎中国能否抓住重要战略机遇期

"十四五"时期国内外形势复杂多变，给我国发展带来风险挑战的同时，也为我国国内经济调整、获得更高质量发展、进一步提升国际影响力提供了难得的机遇。能否把握机遇、化危为机，考验着我们的智慧和勇气。总结经验，以中长期规划指导经济社会发展，历来是我们党治国理政的重要方式。在探索中国式现代化道路的过程中，我国先后成功编制并实施了十三个五年规划（计划），经过全党和全国各族人民的齐心协力，一步一步地将不可能变成可能，使中国大踏步地赶上了时代潮流。在中华民族从站起来、富起来到强起来的历史征程中，五年规划（计划）发挥了重要的战略指引作用，有力地推动了经济社会发展、人民生活改善、综合国力提升，创造了令世界瞩目的经济快速增长和社会长期稳定奇迹，极大地加快了中国经济社会发展的步伐，也为我们实现"两个一百年"奋斗目标和中华民族伟大复兴的中国梦夯实了基础。

（二）深刻认识"十四五"规划在我国发展进程中的重大意义

"十四五"规划主要阐明国家战略意图、明确政府工作重点、引导规范市场主体行为，是我国开启全面建设社会主义现代化国家新征程的宏伟蓝图。"十四五"规划分三个板块，共19篇65章192节，涉及经济社会发展方方面面，内容丰富、意义深远。

1. "十四五"规划是党的主张转化为国家意志的重要途径

习近平总书记强调，用五年规划引领经济社会发展，是我们党治国理政的一个重要方式。党中央全会通过五年规划建议、国务院组织编制规划纲要草案、提请全国人大审查批准后组织实施，已成为规范化的工作程序。党中央重大决策部署通过这一程序，转化成为具有法律效力的政策文件在全国实施。新中国成立以来，我国已经先后编制实施了十三个五年规划（计划），这在全世界是绝无仅有的。从"一五"计划到"十三五"规划，通过一个个规划（计划）的分步实施、接力推进、滚动落实，一以贯之地朝着既定的战略目标前进，我国在"一穷二白"的基础上迅速建立了比较完整的工业体系和国民经济体系，人民生活实现了由解决温饱到总体小康再到全面小康的历史性跨越，创造了世所罕见的经济快速发展、社会长期稳定"两个奇迹"，充分彰显了中国共产党领导和中国特色社会主义制度的显著优势。第十四个五年规划也已经批准实施，"十四五"规划严格按照党中央《建议》确定的总体方向和重点任务，并从思路、布局、目标、举措上进一步细化具体化，是谋划好社会主义现代化建设新征程第一个五年的路线图，确保党中央战略安排能贯彻落实到经济社会发展各领域、各环节、全过程。

2. "十四五"规划是新阶段政府更好履职尽责的重要依据

发挥国家发展规划的战略导向作用，是创新和完善宏观调控的重要内容，是推进国家治理体系和治理能力现代化的内在要求。国家发展规划集中体现了国家战略意图和中长期发展目标，具有引导公共资源配置方向、规范市场主体行为的功能，发挥着平衡各方面关系、避免宏观失衡、引导和稳定预期的作用。政府组织编制国家发展规划，经全国人大审查批准后，必须依法依规组织实施规划，这也是对政府行为的规范和约束。落实好"十四五"规划必须推动有效市场和有为政府更好结合。一方面，"十四五"规划确定的约束性指标、重大工程项目和公共服务、生态环保、安全保障等领域任务，需要政府合理配置公共资源、引导社会资源，也需要市场主体积极参与、形成合力。另一方面，"十四五"规划提出的预期性指标和行业发展、结构调整等领域任务，主要依靠发挥市场主体作用实现，也需要政府创造良好的政策环境、体制环境和法治环境，引导各方面立足新发展阶段、贯彻新发展理念、构建新发展格局，努力推动高质量发展。

3. "十四五"规划是全国各族人民奋进新征程的共同行动纲领

规划编制过程，既是一个发扬民主、汇集众智、反映民意的过程，也是一个统一思想、科学决策、凝聚共识的过程。"十四五"规划编制坚持深化研究和深入调研相结合、顶层设计和问计于民相统一，汇集了全党全国各族人民的智慧，实现了国家战略意图和人民共同意愿的统一。面对错综复杂的国际环境带来的新矛盾新挑战，我国社会主要矛盾变化带来的新特征新要求，"十四五"规划坚持全球眼光、战略思维，统筹兼顾、精准施策，是积极主动应对世界百年未有之大变局的系统部署，是精准有效破解发展中突出矛盾问题的解决方案。随着"十三五"规划目标任务的胜利完成，决胜全面建成小康社会取得历史性成就，我国社会主义现代化建设进入新发展阶段，"十四五"规划站在新的起点上谋划部署"十四五"时期经济社会发展，将开启新征程、续写新辉煌，推动中华民族伟大复兴向前迈出新的一大步。

二、"十四五"时期的发展思路

科学研判"十四五"时期经济社会发展的相关问题，系统提出"十四五"时期我国发展的思路，为"十四五"规划提供有力支撑。

（一）加快建设科技强国，为经济高质量发展提供强劲引擎

建设科技强国是中国社会主义现代化的重要目标，也是一项现实而紧迫的任务，必须着力加强基础研究，突破一批关键核心技术，下决心打好持久战和歼灭战，夯实现代化的科技基石。

打好基础研究持久战。将基础研究占研发投入比例提高一倍。面向世界前沿科技领域和重大基础研究难题，充分尊重科研人员自主选择，构建更有效支持和激励从事基础研究的科研人员潜心研究、"十年磨一剑"的体制机制和政策措施。按照现代科研院所制度要求，采取"新的投入＋新的机制"模式改造和新组建一批基础研究和应用基础研究机构，集聚优秀科研人员，确立打持久战的战略思想，克服急功近利偏向，着力加强颠覆性、原创性的科学研究。

打好"卡脖子"技术歼灭战。把技术创新聚焦到振兴实体经济上来，加强对产业核心技术全生态链的支持，做好体系化布局。进一步明确主攻方向，抓紧研究提出国家关键核心技术清单，并制订相应的行动计划和实施方案。

分类施策，创新组织实施机制和模式，积极探索"国家战略和市场需求为导向＋企业为主体＋科研院所和高校为中坚＋政府有效支持＋市场决定资源配置"的组织模式。

增强企业作为最主要创新主体的作用。提高企业研发投入费用加计扣除比例，增强政策实施的操作性和便利性。加强需求政策对企业自主创新的支持，推进建立重大装备首台（套）示范应用的保障机制。充分发挥我国市场优势，建设人工智能、5G 等示范城市，给企业创造更多的场景应用机会。加大对企业引进人才的支持，畅通金融向实体经济传导机制，支持高校、科研机构通过许可、转让、知识产权入股等方式向企业转移技术创新成果，引导和推动创新要素向企业集聚，为企业创新发展加油助力。

大力推进开放合作创新。充分发挥我国市场、人才、产业基础、资金投入等优势，积极探索国际联合研发、成果转移转化新模式、新路径、新体制，吸引和集聚全球高端创新资源，打造全球新技术、新产品、新业态、新模式的产业化和创新中心，更紧密融入全球创新链。积极探索在粤港澳大湾区等建立全面创新改革试验区，给予其在创办大学和科研院所方面更大的自主权，积极开展民办大学试点，发展新型研发机构，走中国特色的开放合作创新道路。

打造充满活力的创新创业生态环境。实施知识产权保护专项行动计划，大幅度提高权利人胜诉率、判赔额，从根本上改变目前"侵权易、维权难"的状况。推动"双创"深入发展，大力弘扬创新和企业家精神。深化注册制改革，增加新三板的流动性，完善创业投资退出渠道。加强创新创业教育。构建为中小企业提供技术创新服务的组织体系。

（二）推进新型工业化，建设现代化产业体系

坚持把经济发展的着力点放在实体经济上，推进新型工业化，加快建设制造强国、质量强国、航天强国、交通强国、网络强国、数字中国，推进农业现代化，全面提升服务业发展水平，促进数字经济和实体经济深度融合，推动中国制造向中国创造转变、中国产品向中国品牌转变。

扎实推进制造业高质量发展。实施降成本专项行动，防止产业链过快外

迁。把大力推进制造业数字化、智能化、绿色化改造升级作为推进新型工业化的一项重大战略举措，在制造业主要行业和基地建设一批通过数字化、智能化改造提质升级，实现制造业高质量发展的样板和标兵，带动制造业从产品研发设计技术、装备工艺水平、生产过程控制、质量监测检测到供应链组织管理全面提质升级。深入落实质量强国战略，大力弘扬企业家精神和工匠精神，营造优质优价的公平竞争市场环境。实施工业强基工程，加大关键基础材料、关键生产装备、关键核心技术的研发和联合攻关，提升产业链水平。把握新一轮科技革命和产业变革的历史机遇，大力促进新技术、新组织形式、新产业集群的形成和发展，构建新一代信息技术、人工智能、生物技术、新能源、新材料、高端装备、绿色环保等一批新的增长引擎。积极培育一批主导产业生态的大企业，大力提升中小企业发展水平。

大力发展现代服务业。深化服务业市场开放，加快科研、教育、工业设计、商务服务、医疗健康服务等知识密集型服务业发展，提高供给能力，推进金融供给侧结构性改革，保持房地产平稳发展，切实解决金融发展"虚高"问题。大力推进生产性服务业与制造业深度融合、互动发展，支持建设工业电子商务、工业云计算、工业大数据等融合平台。加快发展物联网，建设高效顺畅的流通体系，降低物流成本。优化现代生活服务业发展的政策和环境，提高群众对服务产品的满意度，以适应人民群众追求美好生活的新需求。

加快农业现代化步伐。进一步提升粮食综合生产能力，口粮自给率达到95%，提高绿色有机食品产能比重，提高农机装备智能化水平，大力发展数字农业智慧农业。支持农业产业化龙头企业、专业合作社、家庭农场采用数字化、智能化技术实现高质量、高效益发展，培育新型农业经营主体。推动农村第一、第二、第三产业深度融合发展，深入发掘农业农村多种功能和多重价值，支持绿色智能农产品供应链核心技术研发，发展休闲农业和乡村旅游。深入推进农村集体产权制度改革，创新农村家庭联产承包责任制。

（三）深入推进新型城镇化，构建现代化城乡区域发展格局

城镇化水平是一个国家和地区现代化的必然趋势和重要标志，也是推进

现代化的重要动力，要以提质创新为要旨，完善优化城镇体系、促进城乡一体化，构建彰显优势、协调联动的现代化城乡区域发展体系为目标，发挥市场机制在城乡区域生产要素配置中的决定性作用和国土空间规划的战略引领、宏观管控作用，增强城乡区域发展的整体性和协调性。

深入实施新型城镇化战略。实施"新一轮一亿非户籍人口落户城市计划"，聚焦农民工聚集地区，着力解决好落户农民工子女教育、住房保障、农村权益等问题。把握人口及经济要素流动趋势，积极推进大都市圈和城市群建设，支持一批基础条件较好、潜力较大的中等城市加快发展，促进小城镇发展与实施乡村全面振兴战略良性互动，进一步优化城镇体系和城乡空间格局。实施美丽县城建设行动。坚持适用、经济、绿色、美观方针，规范发展绿色城市、智慧城市、人文城市、海绵城市、特色小镇，促进一批有条件的城市率先向新型现代化城市转型发展。

推进乡村全面振兴。突出抓好"头雁工程"、富民兴村产业、农村环境整治等重点工作。推进乡村居民适度集聚，相应配置、完善生产生活基础设施，建设一批城郊融合、特色保护、搬迁撤并示范村。持续改善农村人居环境，加大污水收集处理力度，推进农村"厕所革命"。探索宅基地所有权、资格权、使用权"三权"分置改革，在农民已大批稳定转入城市就业地区开展农村宅基地使用权允许自由购买试点。开展县级土地储备公司参与农村承包土地经营权和农民住房财产权"两权"抵押试点，建立金融机构服务乡村全面振兴考核评估办法。推动农村民生事业和乡村文化繁荣。完善现代乡村治理体系。

深入推进重大区域战略落地实施。进一步完善北京通州城市副中心功能，推进非首都功能向雄安新区疏解，启动一小时首都生活圈建设，推动京津冀协同发展。发挥前海、南沙、横琴和若干个特色平台先行先试作用，建设"广州—深圳—香港—澳门"科技创新走廊，深入推进粤港澳大湾区建设。破除行政区划壁垒，加快区域性重大基础一体化示范区建设，推进长三角一体化高质量发展。坚持共抓大保护、不搞大开发，加快建立健全生态补偿机制，推进三峡新枢纽和沿江高铁等重大基础设施建设，推动长江经济带发展。积极探索在东北、西北等地区建设新的经济特区，采取差别化的区域政策。支持成渝城市群、长江中游城市群发展，努力打造新的发展极。

（四）努力建设强大国内市场，巩固提升规模经济优势

强大国内市场是确保经济平稳增长的"压舱石"，是赢得未来的重要支撑。必须充分发挥超大统一市场规模优势，形成支撑国民经济整体水平跃升的巨大势能，构建以强大国内市场整合国际市场资源的战略平台。

着力促进国内消费市场稳步扩容升级。坚持房住不炒和因城施策，补齐保障性住房和租赁市场发展短板，着重解决新市民基本住房保障问题，支持正当合理的改善性住房需求，发展多层次住房租赁市场，稳定住房消费。建立健全合理的土地供应机制，稳妥推进房地产税的试点和实施，抑制过度的投资性投机性购房需求。推动汽车、家电等传统消费朝着高端化、智能化、网联化、共享化发展升级。促进文化、信息、医疗、教育、养老、家政、旅游等服务消费市场繁荣发展。优化收入分配结构，实施"国民收入增长计划"和"中等收入群体扩大计划"，适度提高居民所得占 GDP 份额，着力扩大中等收入群体规模，逐步提高社会保障水平，不断扩大居民实际消费能力。大力倡导科学、健康的消费新理念和新模式，通过新消费革命与新供给革命互动互促，充分挖掘和释放内需潜能，以高品质供给满足消费提质升级需求，吸引高端消费从国外市场回流。多方增加农民收入，拓展乡村商贸设施和电商服务网络，大力促进农民家庭消费和乡村消费，加强市场诚信制度建设和消费者权益保护，营造良好的消费环境。

积极培育新的投资增长点。实施新一轮技术改造工程，支持传统产业智能化、绿色化改造。鼓励社会投资进入教育、医疗、养老、家政服务、商业、航空航天等领域。推进川藏铁路、沿边公路、陆海新通道、三峡新通道、都市圈交通、农村公路改造、国家物流枢纽等一批重大基础设施建设，完善交通、能源、通信、水利、市政等基础设施网络布局。实施"5G+ 人工智能 + 物联网"工程，统筹谋划新一代基础设施网络，布局广泛覆盖城乡的 5G 移动通信网，建设人工智能、工业互联网、物联网云计算、大数据等新型信息基础设施，推进交通设施数字化和网联化改造升级。

（五）打造共建共治共享的社会治理格局，建设和谐幸福社会

江山就是人民，人民就是江山。坚持以人民为中心，不断满足人民群众对美好生活的向往，必须保证全体人民在共建共治共享发展中有更多获得感、幸福感和安全感。

教育现代化先行。高水平高质量普及各级各类教育，构建服务全民、覆盖全生命周期的现代教育体系。全面提升学前教育普及水平，推动义务教育优质均衡发展，全面普及高中阶段教育。适应产业转型升级需要，加快发展现代职业教育，不断优化职业教育结构与布局。健全高等教育发展体制机制，引导高等学校科学定位和特色发展，分类建设一批世界一流高等学校和学科，全面提升高等教育国际竞争力。

促进更高质量的就业和持续增收。将稳就业摆在保持经济社会稳定的首要位置，完善就业优先的政策措施，着力化解就业总量性和结构性矛盾，制定就业风险防范应对机制，重点解决好高校毕业生、农民工、退役军人等群体就业。积极发展便捷化、智能化公共就业服务。完善创业普惠性支持政策，加大创业培训力度，拓宽创业投融资渠道，持续发挥创业带动就业效应。对就业困难群体实行实名制动态管理，实现就业托底无死角。健全收入分配体制，持续增加城乡居民和新市民劳动收入，合理拓宽财产性收入渠道，优化完善个人所得税制度，建立健全财产税体系。巩固脱贫攻坚成果，重点提高脱贫人口自我发展能力。适时制定和动态调整城乡居民最低生活保障标准，完善城乡社会救助制度。

全面推进健康中国建设。深化医药卫生体制改革，全面建立中国特色医疗卫生制度、基本医疗保障制度和优质高效的医疗卫生服务体系，健全现代医院管理制度。加强重大疾病防治和公共卫生服务，加强基层医疗卫生机构能力建设，完善全科医生制度，增强儿科、妇产科等紧缺学科建设。提高中医药服务能力，推进中医药继承创新。坚持预防为主，倡导健康文明生活方式，推进全生命周期健康管理服务。积极应对人口老龄化，促进生育政策、退休政策和相关经济社会政策配套衔接。推进医养结合，加快老龄事业和产业发

展，构建养老、孝老、敬老政策体系和社会环境。

提升基本公共服务均等化水平。完善国家基本公共服务清单，健全国家基本公共服务标准，缩小城乡、区域、群体之间基本公共服务差距，做好基本公共服务规划、政策、项目的衔接协调，推进基本公共服务均等化、普惠化、便捷化。

（六）积极应对世界大变局，为开启新征程创造良好的外部环境

构建和改善和平发展的外部环境，是推进中国特色社会主义现代化的客观要求，必须坚定信心，保持定力，排除各种干扰，有效应对挑战，推动构建相互尊重、公平正义、合作共赢的新型国际关系，拓展中国走向世界的发展空间。

构建更高水平开放型经济新体制。顺应新形势、把握新变化，坚持"引进来"和"走出去"相结合，全面落实准入前国民待遇加负面清单管理制度，加快推动规则、规制、管理、标准等制度型开放，着力构建更高水平开放型经济新体制，营造更加市场化、法治化、国际化的营商环境。加快实施自由贸易区战略，巩固外贸传统优势，培育外贸竞争新优势，推动从贸易大国走向贸易强国。加快在内陆和沿边地区建设布局一批"开放高地"，主动承接国内外地区产业梯度转移。

高质量推进"一带一路"建设。更加聚焦与我国国家利益契合度高、风险可控性较强的周边国家和重要节点，避免战略资源无效投放。推进与"一带一路"共建国家和地区签订双边和区域贸易协定。探索建立"一带一路"国际智库合作委员会、战略规划高级官员非正式会议等常设机制，推动全方位互联互通，深化双边产能合作。建立投资者仲裁机制、政策稳定保障机制，有效控制投资风险。加快推进西部陆海新通道建设，统筹中欧班列发展。支持企业依托"一带一路"建设走出去，加快中国品牌全球化发展。

积极参与全球治理体系改革。积极参与全球经济治理，推进制度型开放。积极落实 RCEP，积极考虑加入 CPTPP。在总结自贸区试点经验的基础上，有选择地主动与发达国家商签高标准经贸协定。积极参与世界贸易组织、国际货币基金组织和世界银行改革，推进亚洲基础设施投资银行、金砖国家新开

发银行、金砖国家应急储备安排等新机制建设。

（七）推进绿色发展，建设美丽中国

生态文明建设关系人民福祉，关乎民族未来，必须把生态文明建设放在突出的战略位置，大力推进绿色发展，健全生态文明建设制度政策体系，加快建设美丽中国，使蓝天常在、青山永驻、绿水长流，实现中华民族永续发展。

巩固和拓展污染防治攻坚战成果。优化重大生产力布局，构建合理分散与适度集中发展相结合、多中心网络型的国土空间开发保护格局。强化三江源、青藏高原等重点生态功能区和生态脆弱地区的生态环境保护，严格执行生态红线政策。全面建立国家公园制度，在整合自然保护区的基础上设立一批国家公园，加强生物多样性保护。全面推进长江经济带环境污染治理和生态修复，加强京津冀、长三角、珠三角、汾渭平原空气污染治理。提高重点流域水环境质量。推动重点地区土壤污染治理和修复，对土壤污染严重超标地区实行严格管理。

推进清洁生产和能源革命。对钢铁、水泥、化工企业等行业和重点园区实施超低碳排放改造，大幅降低二氧化硫、氮氧化物、烟粉尘排放量。支持东南沿海局部地区发展分布（散）式风电和光伏发电。加强燃煤火电机组灵活性改造，推进分能电网建设。推广智能家居、电动汽车和需求侧用电设备智能管理系统，为负荷高峰时段电网调峰提供灵活性服务。实施工业园区能源系统改造，建立高效低碳区域多能互补能源系统。

提高资源循环利用水平。强化责任主体意识，全面建立生产者责任延伸制度。提高物质流和资源流的溯源跟踪和智能化管理能力。利用物联网、大数据、云计算等，推动原材料供应、加工制造、产品销售、回收处理资源再利用等全过程溯源、精准管控。构建智能化资源回收利用体系。利用电子标签、二维码等物联网技术，完善政策扶持、技术开发、商业模式等，对含有高价值稀缺资源和难处理有毒有害物质的废旧电子产品、家电产品、电池、塑料制品等建立专业化、规模化的废旧资源无害化回收处理、循环利用体系。

积极稳妥推进碳达峰碳中和。立足我国能源资源禀赋，坚持先立后破，有计划分步骤实施碳达峰行动。完善能源消耗总量和强度调控，重点控制化石能源消费，逐步转向碳排放总量和强度"双控"制度。通过推动产业绿色低碳发展、提升能源资源利用效率、推进低碳交通运输体系建设、提升城乡建设绿色低碳发展水平、加强绿色低碳重大科技攻关和推广应用、巩固提升生态系统碳汇能力、夯实法规标准统计基础、完善政策机制等积极做好碳达峰碳中和工作。

（八）改革再出发再深化，推进国家治理体系和治理能力现代化

国家治理体系和治理能力现代化是全面建设社会主义现代化国家的重要内容和必要条件。必须以坚定的决心，进一步解放思想，坚持实事求是，与时俱进，问题导向和目标导向相结合，排除一切阻力，推动改革再出发再深化。

建立适应高质量发展的制度、政策体系。发挥国家规划的战略引领作用，建立健全体现高质量发展要求的规划指标体系。调整废止不适应高质量发展要求的政策，增强政策针对性、精准性和实效性，加快构建推动高质量发展的政策支撑体系。完善产品和服务质量、社会治理和公共服务、生态环境保护等标准体系。加快建立反映高质量发展的统计体系。发挥政绩考核的激励、约束和导向作用，建立体现高质量发展要求的政绩考核机制。

构建以供给侧结构性改革为主线的体制机制。建立市场化、法治化去产能长效机制，推进"僵尸企业"依法市场出清。建立健全房地产健康发展、地方政府和国有企业债务约束机制。清理造成供给结构失衡的审批事项，大幅放开市场准入，建立审慎包容的监管体制。深化国有企业和事业单位改革，加大产权保护力度，建立现代企业制度和现代事业单位制度，优化市场主体结构。深入推进要素配置市场化改革，建立促进实体经济、科技创新、现代金融、人力资源协同发展的体制机制。

突出抓好重大改革攻坚部署落地实施。紧紧围绕"完善和发展中国特色社会主义制度，推进国家治理体系和治理能力现代化"总目标，在"十三五"全面深化改革取得突破性进展的基础上，着力补短板、强弱项、激活力、抓

落实，切实推进政府职能转变、国资国企、科技、教育、金融、财税、土地、能源、收入分配等重大改革攻坚部署落地实施。要处理好问题导向与目标导向、"最先一公里"和"最后一公里"、统一顶层设计与鼓励地方和基层探索创新的关系，健全改革方案制定的科学民主决策机制、改革方案落地落实的实施机制和督察机制、改革绩效评估考核机制，打破"中梗阻"，防止不作为或乱作为。倡导不断解放思想，勇于探索创新，在涉及重大改革攻坚事项的相关法律法规中为探索创新留下必要的空间，鼓励、保护各级干部和广大群众改革创新的积极性、主动性，凝聚起万众一心奋斗新时代、开启新征程的强大力量。

（九）提升经济安全意识，着力防范化解重大风险

要统筹发展和安全，注重防范化解各类重大风险挑战，着力提高应对全球供应链风险的能力，建设安全高效的能源资源体系，坚决维护国家供应链安全和能源资源安全。

实施供应链安全国家战略。积极参与全球供应链治理，推动供应链安全国际合作，共建跨区域甚至全球性的弹性供应链，形成多渠道、多层次供应链安全体系，协同应对供应链中断风险。培育一批跨国经营的供应链核心企业，加强对核心技术、重要原材料、关键资源、全球市场和营销网络的布局，提升我国参与全球供应链的主动权。依托我国高铁、核电、钢铁、家电等优势产业，用好部分劳动密集型产业向外转移的机遇，以"一带一路"共建国家和地区为重点，推动优势产能装备、技术、标准、服务"走出去"，在全球范围布局供应链不同环节，配置利用全球资源，构建以我国为主的供应链体系。

多措并举保障能源资源安全。在国内进一步摸清家底，加强西部地区和海上油气资源勘探。在国际上要重视获取境外权益油气资源份额，加强"一带一路"能源合作，参与全球油气资源开发。优化能源储备设施布局，增强长期战略性储备、平时和应急调峰性储备能力。巩固已有主要油气战略进口通道，推动建立油气运输陆海通道安全合作机制，做好通道关键节点的风险

管控，提高设施防护能力、战略预警能力以及突发事件应急反应能力。增强煤制油、煤制气等煤基燃料技术研发能力，积极研发新一代生物柴油、纤维素乙醇、生物纤维合成汽油等生物液体燃料替代技术。实施战略性资源安全保障行动，逐项排查市场集中度、对外依存度"双高"的资源，加强紧缺战略性矿产资源储备体系建设，加快实施替代战略和多元化战略。

三、"十四五"时期的发展目标

按照全面建设社会主义现代化国家的战略安排，"十四五"时期经济社会发展主要目标如下。

（一）"十四五"时期经济社会发展主要目标

——经济发展取得新成效。发展是解决我国一切问题的基础和关键，发展必须坚持新发展理念，在质量效益明显提升的基础上实现经济持续健康发展，增长潜力充分发挥，国内生产总值年均增长保持在合理区间、各年度视情提出，全员劳动生产率增长高于国内生产总值增长，国内市场更加强大，经济结构更加优化，创新能力显著提升，全社会研发经费投入年均增长 7%以上、力争投入强度高于"十三五"时期实际，产业基础高级化、产业链现代化水平明显提高，农业基础更加稳固，城乡区域发展协调性明显增强，常住人口城镇化率提高到 65%，现代化经济体系建设取得重大进展。

——改革开放迈出新步伐。社会主义市场经济体制更加完善，高标准市场体系基本建成，市场主体更加充满活力，产权制度改革和要素市场化配置改革取得重大进展，公平竞争制度更加健全，更高水平开放型经济新体制基本形成。

——社会文明程度得到新提高。社会主义核心价值观深入人心，人民思想道德素质、科学文化素质和身心健康素质明显提高，公共文化服务体系和文化产业体系更加健全，人民精神文化生活日益丰富，中华文化影响力进一步提升，中华民族凝聚力进一步增强。

——生态文明建设实现新进步。国土空间开发保护格局得到优化，生产生活方式绿色转型成效显著，能源资源配置更加合理、利用效率大幅提高，单位国内生产总值能源消耗和二氧化碳排放分别降低 13.5%、18%，主要污染物排放总量持续减少，森林覆盖率提高到 24.1%，生态环境持续改善，生态安全屏障更加牢固，城乡人居环境明显改善。

——民生福祉达到新水平。实现更加充分更高质量就业，城镇调查失业率控制在 5.5% 以内，居民人均可支配收入增长与国内生产总值增长基本同步，分配结构明显改善，基本公共服务均等化水平明显提高，全民受教育程度不断提升，劳动年龄人口平均受教育年限提高到 11.3 年，多层次社会保障体系更加健全，基本养老保险参保率提高到 95%，卫生健康体系更加完善，人均预期寿命提高 1 岁，脱贫攻坚成果巩固拓展，乡村振兴战略全面推进，全体人民共同富裕迈出坚实步伐。

——国家治理效能得到新提升。社会主义民主法治更加健全，社会公平正义进一步彰显，国家行政体系更加完善，政府作用更好发挥，行政效率和公信力显著提升，社会治理特别是基层治理水平明显提高，防范化解重大风险体制机制不断健全，突发公共事件应急处置能力显著增强，自然灾害防御水平明显提升，发展安全保障更加有力，国防和军队现代化迈出重大步伐。

（二）"十四五"时期经济社会发展主要指标

"十四五"规划根据"十四五"时期经济社会发展主要目标，按照定性为主、蕴含定量原则，在经济发展、创新驱动、民生福祉、绿色生态、安全保障等 5 方面设置了 20 项主要指标。在研究设置时，突出"十四五"时期的阶段性任务，设置抓重点、补短板、强弱项的指标；突出对高质量发展综合绩效评价指标体系的充分对接，更好体现指标激励约束导向作用；突出指标的代表性，在每个重要领域仅设置一个最具代表性的指标；突出指标的可测性，确保指标数据可获得、测算科学简洁。

表 7-1　"十四五"时期经济社会发展主要指标 [①]

类别	指　标	2020 年	2025 年	年均 / 累计	属性
经济发展	1. 国内生产总值（GDP）增长（%）	2.3	—	保持在合理区间、各年度视情提出	预期性
	2. 全员劳动生产率增长（%）	2.5	—	高于 GDP 增长	预期性
	3. 常住人口城镇化率（%）	60.6*	65	—	预期性
创新驱动	4. 全社会研发经费投入增长（%）	—	—	＞7、力争投入强度高于"十三五"时期实际	预期性
	5. 每万人口高价值发明专利拥有量（件）	6.3	12	—	预期性
	6. 数字经济核心产业增加值占 GDP 比重（%）	7.8	10	—	预期性
民生福祉	7. 居民人均可支配收入增长（%）	2.1	—	与 GDP 增长基本同步	预期性
	8. 城镇调查失业率（%）	5.2	—	＜5.5	预期性
	9. 劳动年龄人口平均受教育年限（年）	10.8	11.3	—	约束性
	10. 每千人口拥有执业（助理）医师数（人）	2.9	3.2	—	预期性
	11. 基本养老保险参保率（%）	91	95	—	预期性
	12. 每千人口拥有 3 岁以下婴幼儿托位数（个）	1.8	4.5	—	预期性
	13. 人均预期寿命（岁）	77.3*	—	〔1〕	预期性
绿色生态	14. 单位 GDP 能源消耗降低（%）	—	—	〔13.5〕	约束性
	15. 单位 GDP 二氧化碳排放降低（%）	—	—	〔18〕	约束性
	16. 地级及以上城市空气质量优良天数比率（%）	87	87.5	—	约束性

[①] 《〈中华人民共和国国民经济和社会发展第十四个五年规划和 2035 年远景目标纲要〉辅导读本》，人民出版社 2021 年版，第 15 页。

续表

类别	指　　标	2020 年	2025 年	年均 / 累计	属性
	17. 地表水达到或好于Ⅲ类水体比例（%）	83.4	85	—	约束性
	18. 森林覆盖率（%）	23.2*	24.1	—	约束性
安全保障	19. 粮食综合生产能力（亿吨）	> 6.5	—	—	约束性
	20. 能源综合生产能力（亿吨标准煤）	> 46	—	—	约束性

注：①〔 〕内为 5 年累计数。②带 * 的为 2019 年数据。③能源综合生产能力指煤炭、石油、天然气、非化石能源生产能力之和。④ 2020 年地级及以上城市空气质量优良天数比率和地表水达到或好于Ⅲ类水体比例指标值受新冠疫情等因素影响，明显高于正常年份。⑤ 2020 年全员劳动生产率增长 2.5% 为预计数。

1. 国内生产总值（GDP）增长

GDP 是衡量一国经济发展水平的核心指标，反映综合经济实力和国际竞争力。我国仍处于并将长期处于社会主义初级阶段，仍然是世界上最大的发展中国家，发展仍然是解决一切问题的基础和关键。《建议》提出到 2035 年人均 GDP 达到中等发达国家水平，蕴含着未来 15 年我国 GDP 需要保持一定的增长速度，"十四五"时期要保持经济持续健康发展，努力使经济增速与潜在经济增长率保持一致。"十四五"规划提出"十四五"时期 GDP 年均增长"保持在合理区间、各年度视情提出"，充分考虑了"十四五"时期发展环境的复杂性，有利于更加积极、主动、从容地应对各种不稳定性不确定性因素，增强发展的灵活性；也有利于引导各方面集中精力贯彻新发展理念、构建新发展格局、推动高质量发展，不简单地以 GDP 增速论英雄，把工作重点放在提高发展质量和效益上。"十四五"规划对经济增长目标以定性表述为主，并不意味着经济工作中不设定 GDP 增长的量化指标。相对于五年来说，年度形势较易研判，因此在年度工作中，可根据内外部环境变化和经济运行状况等，更加科学合理地提出年度增长目标，具体是高一点还是低一点，可以依据实际情况有针对性地予以确定。

2. 全员劳动生产率增长

设置该指标，有利于引导提高劳动力配置效率和人力资本水平。"十三五"时期，我国全员劳动生产率年均增长 5.8%，与 GDP 增长大致同步，全员劳动生产率从 8.9 万元 / 人增至 13.1 万元 / 人。"十四五"规划提出"十四五"时期全员劳动生产率增长"高于 GDP 增长"，在"十三五"基础上提出更高要求，充分体现了质量第一、效率优先的导向。"十四五"时期、劳动年龄人口将从 8.95 亿人减至 8.6 亿人左右，全部就业人数也将从 7.74 亿人减至 7.7 亿人左右，经济发展需要更多依靠劳动者素质提高、科技进步和制度创新，将人口数量红利转为人力资本红利。

3. 常住人口城镇化率

该指标是城镇化领域的国际通用指标，有利于客观反映我国城镇化发展进程。"十三五"时期的前 4 年，我国常住人口城镇化率从 56.1% 提高到 60.6%。从世界城镇化普遍规律看，我国仍处于城镇化率 30%—70% 的较快发展区间，常住人口城镇化率仍有较大提升空间。"十四五"时期，常住人口城镇化率提高幅度将略低于"十三五"时期，预计城镇常住人口增加超过 7000 万人，常住人口城镇化率年均提高 0.8 个百分点左右。

4. 全社会研发经费投入增长

研发经费投入可综合反映科技创新能力，一般用研发经费投入增长或研发经费投入强度来衡量。其中，研发经费投入增长指标更加简明扼要、清晰明了，易评估、可考核，不受 GDP 波动影响，能够更直观反映各方面增加研发经费投入的工作实绩，也能够直接落实到地方政府和各有关部门及企业的工作目标安排上。我国研发经费投入持续增长，"十一五""十二五""十三五"期末投入总量比基期年度分别增加 4613 亿元、7107 亿元、10256 亿元，2022 年我国 R&D 经费投入总量突破 3 万亿元，达到 30782.9 亿元。"十四五"规划提出"十四五"时期全社会研发经费投入"年均增长 7% 以上、力争投入强度高于'十三五'时期实际"，体现了把创新摆在现代化建设全局核心位置的导向。

5. 每万人口高价值发明专利拥有量

高价值发明专利包括：①战略性新兴产业的有效发明专利；②在海外有同

族专利权的有效发明专利；③维持年限超过 10 年的有效发明专利；④实现较高质押融资金额的有效发明专利；⑤获得国家科学技术奖或中国专利奖的有效发明专利。设置该指标，有利于真实反映专利资源的技术含量和市场价值，引导发明专利从追求数量向追求质量转变。"十三五"时期，我国每万人高价值发明专利拥有量分别为 3.0 件、3.8 件、4.5 件、5.4 件、6.3 件。"十四五"时期，通过强化知识产权创造运用保护管理等措施，高价值发明专利有望继续快速增长，2025 年每万人口高价值发明专利拥有量可达 12 件。

6. 数字经济核心产业增加值占 GDP 比重

数字经济核心产业包括：①"计算机、通信和其他电子设备制造业"全部小类；②机电器材制造（含"电气机械和器材制造业"部分小类等）；③电子设备制造（含"仪器仪表制造业"部分小类等）；④"电信、广播电视和卫星传输服务业"全部小类；⑤互联网服务（含"互联网和相关服务业"全部小类等）；⑥"软件和信息技术服务业"全部小类；⑦文化数字内容服务（含"广播、电视、电影和录音制作业"全部小类等）。设置该指标，有利于客观反映数字经济核心竞争力，引导数字经济高质量发展。2020 年，我国数字经济核心产业增加值占 GDP 比重为 7.8%。"十四五"时期，数字技术将加快创新应用，2025 年数字经济核心产业增加值占 GDP 比重可达 10%。

7. 居民人均可支配收入增长

设置该指标，有利于引导各方面把居民增收摆在突出位置，扎实推动共同富裕。"十四五"规划提出"十四五"时期居民人均可支配收入增长"与 GDP 增长基本同步"，这延续了"十三五"时期以来居民收入增长和经济增长基本同步的政策导向。"十三五"时期，居民人均可支配收入从 2.2 万元增至 3.2 万元、年均实际增长 5.6%，同期 GDP 年均实际增长 5.8%。"十四五"时期，通过提高劳动报酬在初次分配中比重、健全工资合理增长机制、多渠道增加财产性收入，以及通过土地和资本等要素使用权收益权增加中低收入群体要素收入等途径，预计可实现这一目标。

8. 城镇调查失业率

该指标是反映就业形势的国际通用指标，已逐步运行成熟，可实现与城镇登记失业率指标的平稳过渡。设置该指标，有利于引导各方面继续把扩大就业摆在突出位置，推动实现更充分更高质的就业。2017—2020年，我国城镇调查失业率分别为5.0%、4.9%、5.2%、5.2%。"十四五"时期，综合考虑经济增长、就业岗位增加和城镇劳动年龄人口数量、劳动参与率等因素，通过加强职业技能培训、缓解结构性失业矛盾、增加公益性岗位等措施，可将城镇调查失业率控制在5.5%以内。

9. 劳动年龄人口平均受教育年限

设置该指标，有利于引导增加公平而有质量的公共教育服务，提高人力资本水平。"十三五"时期，我国劳动年龄人口平均受教育年限从10.2年增至10.8年。《中国教育现代化2035》提出2035年达到12年的目标，未来平均每五年提高0.4年。"十四五"时期，通过推动义务教育优质均衡发展、普及高中阶段教育、增强职业技术教育适应性、提高高等教育入学率等措施，使2025年义务教育巩固率保持在95%以上、高中阶段教育毛入学率提高到92%以上、高等教育毛入学率提高到60%，劳动年龄人口平均受教育年限可达11.3年。

10. 每千人口拥有执业（助理）医师数

设置该指标，有利于引导加强医师队伍建设。"十三五"时期，我国执业（助理）医师数从304万人增至408万人，每千人口拥有执业（助理）医师数从2.21人增至2.90人。"十四五"时期，在近些年快速增长基础上，综合考虑医学高校招生规模等因素，2025年执业（助理）医师数可达450万人左右，每千人口拥有执业（助理）医师数为3.2人。

11. 基本养老保险参保率

设置该指标，有利于积极应对人口老龄化，进一步夯实城乡居民养老的最基本保障。"十三五"时期，基本养老保险参保人数从8.58亿增至9.99亿，2020年基本养老保险参保率超过91%。"十四五"时期，应按照应保尽保、自愿参保原则，基本实现法定参保人员全覆盖。考虑到参保人员基数已较大、少数人口自愿选择不参保等因素，预计2025年基本养老保险参保率可达95%。

12. 每千人口拥有3岁以下婴幼儿托位数

设置该指标，有利于引导增加3岁以下婴幼儿照护服务供给。"十三五"

时期，我国 3 岁以下婴幼儿托育服务刚刚起步，2020 年每千人口拥有 3 岁以下婴幼儿托位数约为 1.8 个。"十四五"时期，通过加快建设托育服务体系、推动各地增加托育服务资源、鼓励社会力量建设综合性托育服务机构和社区托育服务设施等措施，2025 年每千人口拥有 3 岁以下婴幼儿托位数可达 4.5 个，托位总数可达 640 万个左右。

13. 人均预期寿命

该指标综合体现医疗卫生、人民健康、生活质量和社会发展状况，是联合国人类发展指数（HDI）的 3 个合成指标之一。"十三五"时期前 4 年，我国人均预期寿命从 76.34 岁增至 77.3 岁。按照近年来每五年提高 1 岁左右的增长趋势，综合采取完善国民健康政策、加强公共卫生和基本医疗服务、实施全民健身计划等措施，预计"十四五"时期人均预期寿命可提高 1 岁，也能够促进实现《"健康中国 2030"规划纲要》提出的 2030 年达到 79 岁的目标。

14. 单位 GDP 能源消耗降低

设置该指标，有利于引导提高能源利用效率，以能耗约束倒逼产业结构转型和发展动能转换。"十三五"时期，我国单位 GDP 能源消耗降低 13.2%。由于产业结构偏重、投资占比偏高，我国单位 GDP 能耗约为经济合作与发展组织（OECD）国家的 3 倍左右、世界平均水平的 1.5 倍，下降空间仍然较大。"十四五"时期，在非化石能源占能源消费总量比重达到 20% 左右的情况下，为使单位 GDP 二氧化碳排放下降 18%，要求单位 GDP 能源消耗降低 13%—14%。综合考虑经济增长和能源消费弹性变化趋势，预计"十四五"时期单位 GDP 能源消耗可降低 13.4%—14.2%。据此，将单位 GDP 能源消耗降低目标值设定为 13.5%。

15. 单位 GDP 二氧化碳排放降低

设置该指标，有利于引导能源清洁低碳高效利用和产业绿色转型，确保在 2030 年前实现碳排放达峰，展现我国负责任大国担当。"十三五"时期，我国单位 GDP 二氧化碳排放降低 18.8%，2020 年比 2005 年降低 48.4%。按照 2030 年单位 GDP 二氧化碳排放比 2005 年下降 65% 以上的新承诺目标倒推，"十四五"和"十五五"时期单位 GDP 二氧化碳排放平均需降低 17.6%。

"十四五"时期，通过推进工业、建筑、交通等领域低碳转型，严格控制化石能源特别是煤炭消费，大力发展非化石能源。推动"十四五"时期单位 GDP 二氧化碳排放降低 18%，这与单位 GDP 能源消耗降低 13.5%、非化石能源占能源消费总量比重达到 20% 左右的目标，是衔接一致的。

16. 地级及以上城市空气质量优良天数比率

设置该指标，能够综合反映空气环境质量改善情况。"十三五"时期前 4 年，我国地级及以上城市空气质量优良天数比率从 76.7% 提高到 82.0%。2020 年新冠疫情导致工业发展受到阶段性冲击，地级及以上城市空气质量优良天数比率大幅提高至 87%，一定程度上高于正常年份。"十四五"时期，通过推动北方地区清洁取暖、工业窑炉治理、非电行业超低排放改造等措施，主要空气污染物排放能够继续得到削减。在细颗粒物（$PM_{2.5}$）浓度下降、臭氧（O_3）浓度快速增长趋势得到遏制的情况下，预计 2025 年地级及以上城市空气质量优良天数比率可达 87.5%。

17. 地表水达到或好于Ⅲ类水体比例

设置该指标，有利于引导加大地表水污染防治力度。"十三五"时期前 4 年，我国地表水达到或好于Ⅲ类水体比例从 66.0% 提高至 74.9%。2020 年新冠疫情导致生产生活活动强度降低，地表水达到或好于Ⅲ类水体比例大幅提高至 83.4%，高出正常年份 3—4 个百分点。"十四五"时期，通过开展河湖水质改善技术指导、实施人工湿地水质净化工程、持续推进黑臭水体治理、加强工业园区综合整治和排污口排查整治等措施，2025 年地表水达到或好于Ⅲ类水体比例可达 85%。

18. 森林覆盖率

设置该指标，有利于综合体现森林资源丰富程度、国土绿化状况和碳汇能力。"十三五"时期，我国森林覆盖率从 21.7% 提高到 23%。按照《全国重要生态系统保护和修复重大工程总体规划（2021—2035 年）》提出的 2035 年森林覆盖率达到 26% 的目标倒推，平均每五年需提高 1 个百分点左右。"十四五"时期，通过深入开展国土绿化行动、实施天然林保护工程和防护林体系建设工程、开展全民义务植树等措施，2025 年森林覆盖率可达 24.1%。

19. 粮食综合生产能力

设置该指标，有利于引导提高粮食供应保障能力。2015—2020 年，我国粮食年产量连续 6 年稳定在 6.5 亿吨以上。2020 年粮食消费量为 7.4 亿吨左右，统筹考虑总人口增长、畜牧业发展和工业用粮等因素，预计 2025 年将达到 7.5 亿吨，其中谷物消费量超过 6 亿吨。按照"谷物基本自给、口粮绝对安全"的要求，稻谷、小麦、玉米等三种粮食产量需超过 5.9 亿吨，加上大豆及其他粮食作物，"十四五"时期粮食综合生产能力需达到 6.5 亿吨。"十四五"时期，通过稳定粮食播种面积、提升农业科技水平等措施，可保障粮食综合生产能力稳中有升。按照供需大体平衡、适当留有余地的原则，将 2025 年粮食综合生产能力目标值设定为不低于 6.5 亿吨。

20. 能源综合生产能力

设置该指标，有利于引导提高国内能源供给能力。"十三五"时期，我国能源产量从 36.2 亿吨标准煤增至 40.2 亿吨标准煤，能源自给率从 83.4% 降至 80.7%，其间曾降至 78.4%。预计 2025 年能源消费总量为 54.5 亿吨—55 亿吨标准煤，按 84% 左右的能源自给率，国内能源产量需达 46 亿吨标准煤。"十四五"时期，通过加大国内油气勘探开发力度、发展风光水核等非化石能源、促进煤炭向先进产能集中等措施，预计 2025 年国内原煤产量约为 42 亿吨、石油 2 亿吨、天然气 2300 亿立方米、非化石能源 11 亿吨标准煤，折算后国内能源产量可达 47 亿吨标准煤。按照坚决守住底线并引导节能降耗的原则，将 2025 年能源综合生产能力目标值设定为不低于 46 亿吨标准煤。

21. "十四五"规划章节中的其他指标

此外，"十四五"规划正文章节提出了 20 项量化指标，具体如下：基础研究经费投入占研发经费投入比重提高到 8%；战略性新兴产业增加值占 GDP 比重超过 17%；5G 网络用户普及率提高到 56%；非化石能源占能源消费总量比重提高到 20% 左右；建成 10.75 亿亩集中连片高标准农田；农作物耕种收综合机械化率提高到 75%；自然岸线保有率不低于 35%；湿地保护率提高到 55%；地级及以上城市 $PM_{2.5}$ 浓度下降 10%；氮氧化物和挥发性有机物排放总量分别下降 10%；化学需氧量和氨氮排放总量分别下降 8%；城市污泥无害化处置率达到 90%；地级及以上缺水城市污水资源化利用率超过 25%；单位 GDP 用水量下降 16% 左右；新增建设用地规模控制在 2950 万亩以内；高中阶段教育毛入学率提高到 92% 以上；学前教育毛入园率提高到 90% 以上；高等教育毛入学率提高到 60%；每千人口拥有注册护士数达到 3.8 人；养老机构护理型床位占比提高到 55%。

四、"十四五"时期的战略重点

"十四五"规划紧扣党中央《建议》精神，坚持以习近平新时代中国特色社会主义思想为指导，突出体现立足新发展阶段、贯彻新发展理念、构建新发展格局的核心要义，突出体现做好"两个一百年"奋斗目标的有机衔接，明确提出了指导思想、遵循原则和战略导向，共同构成了"十四五"时期经济社会发展的指导方针。上述内容逻辑环环相扣、工作部署层层递进，在推动"十四五"时期的战略重点中务必全面、系统、准确理解和把握。

（一）准确把握"十四五"时期的指导方针

"十四五"规划提出的指导方针进一步明确了"十四五"时期经济社会发展的大政方略。为推动"十四五"时期高质量发展，更好地体现"三个新"的核心要义，指导思想突出强调了一系列新要求。

一是要坚定不移贯彻新发展理念。新发展理念是一个系统的理论体系，回答了新发展阶段的发展目的、动力、方式路径等一系列理论和实践问题，必须把新发展理念贯穿发展全过程和各领域。二是要坚持以推动高质量发展为主题，以深化供给侧结构性改革为主线。当前，我国发展中的矛盾和问题集中体现在发展质量上，必须把高质量发展的要求贯穿到经济、社会、文化、生态等各领域。持续深化供给侧结构性改革，着力提高供给体系质量，促进供需高水平动态均衡。三是要坚持以改革创新为根本动力。改革开放和创新驱动是推动高质量发展、建设现代化经济体系的两个轮子，必须坚持用改革创新的办法，破解发展难题、应对外部挑战、跨越常规性长期性关口。四是要以满足人民日益增长的美好生活需要为根本目的。这充分体现了以人民为中心的发展思想，必须坚持发展为了人民、发展依靠人民、发展成果由人民共享，努力办好各种民生实事。五是要加快构建以国内大循环为主体、国内国际双循环相互促进的新发展格局。这是党中央根据我国发展阶段、环境、条件变化，审时度势作出的重大决策，必须从统筹国内国际两个大局、办好发展安全两件大事的高度抓好各项工作落实，确保我国社会主义现代化新征程开好局、起好步。

为更好贯彻落实发展指导思想，"十四五"规划对标对表《建议》，再次强调了"十四五"时期经济社会发展必须遵循的"五大"原则，即坚持党的全面领导、坚持以人民为中心、坚持新发展理念、坚持深化改革开放、坚持系统观念。

在此基础上，"十四五"规划又专门设置战略导向一节，集中阐述了新发展阶段、新发展理念、新发展格局的相互关系，明确提出了"五个必须"，即必须坚持深化供给侧结构性改革，以创新驱动、高质量供给引领和创造新需求；必须建立扩大内需的有效制度，加快培育完整内需体系；必须坚定不移推进改革，破除制约经济循环的制度障碍；必须坚定不移扩大开放，依托国内经济循环体系形成对全球要素资源的强大引力场；必须强化国内大循环的主导作用，以国际循环提升国内大循环效率和水平，实现国内国际双循环互促共进。

（二）"十四五"规划确立的重点任务

"十四五"规划提出了17个方面的战略任务和重大举措，着力解决经济社会发展中面临的大事难事，兼顾"国家大事"与"关键小事"，体现了对新发展阶段、新发展理念、新发展格局的整体把握、系统贯彻和一体落实。突出抓好以下方面重点任务。

1. 坚持创新驱动发展，加快发展现代产业体系

创新是引领发展的第一动力，在我国现代化建设全局中居于核心地位。"十四五"规划将创新驱动作为首要任务，强调要把科技自立自强作为国家发展的战略支撑，协同推进科技创新、产业发展和数字化转型。加快建设科技

强国,强化国家战略科技力量,健全社会主义市场经济条件下新型举国体制,提升企业技术创新能力,激发人才创新活力,完善科技创新体制机制,全面塑造发展新优势。巩固壮大实体经济根基,深入实施制造强国战略,推进产业基础高级化、产业链现代化,保持制造业比重基本稳定,推动战略性新兴产业创新发展,扩大服务业有效供给,加快发展现代产业体系。大力推动数字化发展,加强关键数字技术创新应用,协同推动数字产业化和产业数字化转型,加快数字社会建设步伐,提高数字政府建设水平,建设数字中国。

2. 形成强大国内市场,构建新发展格局

构建新发展格局是事关全局的系统性、深层次变革,是塑造我国国际经济合作和竞争新优势的战略抉择。随着国内外发展环境发生深刻变化,必须把发展立足点放在国内,更多依靠国内市场实现经济发展。"十四五"规划提出,要坚持扩大内需这个战略基点,把实施扩大内需战略同深化供给侧结构性改革有机结合起来。畅通国内大循环,顺应消费升级和产业升级需要,打造强大国内市场,贯通生产、分配、流通、消费各环节,持续扩大优质产品和服务供给,破除制约要素合理流动的堵点,有效破除地方保护、行业垄断和市场分割,形成需求牵引供给、供给创造需求的更高水平动态平衡。促进国内国际双循环,协同推进强大国内市场和贸易强国建设,推动进出口协同发展,完善内外贸一体化调控体系,促进进口来源多元化,优化出口商品质量和结构,提高国际双向投资水平,推进多双边投资合作机制建设,推动国内国际双循环相互促进,持续增强我国经济对全球要素资源的吸引力、在世界市场的竞争力。加快培育完整内需体系,深入实施扩大内需战略,加快完善合理引导消费、储蓄、投资的体制机制,提升传统消费,培育新型消费,发展服务消费,适当增加公共消费,增强消费对经济发展的基础性作用;加大投资补短板力度,推进既促消费惠民生又调结构增后劲的新型基础设施、新型城镇化、交通水利等重大工程建设,增强投资对优化供给结构的关键性作用。

3. 全面推进乡村振兴,完善新型城镇化战略

农业农村是现代化进程中的最大短板,城镇化是最大的内需潜力所在。

"十四五"规划提出，要全面实施乡村振兴战略，深入推进新型城镇化战略，推动形成工农互促、城乡互补、协调发展、共同繁荣的新型工农城乡关系。坚持农业农村优先发展，深化农业供给侧结构性改革，严守18亿亩耕地红线，实施黑土地保护工程，实施乡村建设行动，实现巩固拓展脱贫攻坚成果同乡村全面振兴有效衔接。加快推动农业转移人口全面融入城市，坚持存量优先、带动增量，统筹推进户籍制度改革和城镇基本公共服务常住人口全覆盖，放开放宽除个别超大城市外的落户限制，试行以经常居住地登记户口制度。完善城镇化空间布局，发展壮大城市群和都市圈，分类引导大中小城市发展方向和建设重点，促进超大特大城市"瘦身健体"，完善大中城市宜居宜业功能，推进以县城为重要载体的城镇化建设。全面提升城市品质，统筹城市规划建设管理，实施城市更新行动，推进城镇老旧小区改造，完善住房市场体系和住房保障体系。

4. 优化区域经济布局，促进区域协调发展

缩小区域发展差距，是构建高质量发展国土空间布局的客观需要。"十四五"规划提出，要深入实施区域重大战略、区域协调发展战略、主体功能区战略，健全区域协调发展体制机制，构建高质量发展的区域经济布局和国土空间支撑体系。优化国土空间开发保护格局，立足资源环境承载能力，发挥各地区比较优势，完善和落实主体功能区制度，提升重要功能性区域的保障能力，积极拓展海洋经济发展空间。推动区域重大战略取得新的突破性进展，加快推动京津冀协同发展，全面推动长江经济带发展，积极稳妥推进粤港澳大湾区建设，提升长三角一体化发展水平，扎实推进黄河流域生态保护和高质量发展。深入实施区域协调发展战略，推进西部大开发形成新格局，推动东北振兴取得新突破，开创中部地区崛起新局面，鼓励东部地区加快推进现代化，支持特殊类型地区发展，在发展中促进相对平衡。

5. 全面深化改革开放，持续增强发展动力和活力

改革开放是决定当代中国命运的关键一招。"十四五"规划提出，要坚持和完善社会主义基本经济制度，推动有效市场和有为政府更好结合，坚持实施更大范围、更宽领域、更深层次对外开放，开拓合作共赢新局面。构建高

水平社会主义市场经济体制，坚持"两个毫不动摇"，加快国有经济布局优化和结构调整，促进民营企业高质量发展，激发各类市场主体活力；建设高标准市场体系，全面完善产权制度，推进要素市场化配置改革，健全社会信用体系，形成高效规范、公平竞争的国内统一市场；加快建立现代财政制度，健全现代金融体系；加快转变政府职能，创新和完善宏观调控，构建一流营商环境，提升政府经济治理能力。实行高水平对外开放，依托我国超大规模市场优势，建设更高水平开放型经济新体制，提升对外开放平台功能，优化区域开放布局，推进贸易和投资自由化便利化；推动共建"一带一路"高质量发展，加强发展战略和政策对接，深化务实合作，加强安全保障，促进共同发展；积极参与全球治理体系改革和建设，推动共建人类命运共同体。

6. 推动绿色发展，促进人与自然和谐共生

生态文明建设是关系中华民族永续发展的千年大计。"十四五"规划提出，要坚持绿水青山就是金山银山理念，坚持尊重自然、顺应自然、保护自然，建设美丽中国，促进人与自然和谐共生。推动自然生态系统质量整体改善，坚持山水林田湖草系统治理，完善生态安全屏障体系，构建自然保护地体系，健全生态保护补偿机制，不断提升生态系统质量和稳定性。持续改善环境质量，深入打好污染防治攻坚战，全面提升环境基础设施水平，制订2030年前碳达峰行动方案，完善能源消费总量和强度双控制度，积极应对气候变化。加快发展方式绿色转型，坚持生态优先、绿色发展，协同推进经济高质量发展和生态环境高水平保护，坚决遏制高耗能、高排放项目盲目发展，全面提高资源利用效率。

7. 持续增进民生福祉，扎实推进共同富裕

民生是人民幸福之基、社会和谐之本，是最大的政治。"十四五"规划着眼于人的全面发展和改善民生福祉，强调要坚持尽力而为、量力而行，加强普惠性、基础性、兜底性民生建设，让发展成果更多更公平惠及全体人民，不断增强人民群众获得感、幸福感、安全感。把提升国民素质放在突出重要位置，构建高质量的教育体系和全方位全周期的健康体系，推动义务教育优质均衡发展和城乡一体化；构建强大公共卫生体系，扩大医疗服务资源供给；

实施积极应对人口老龄化国家战略，大力发展普惠型养老服务，拓展人口质量红利，提升人力资本水平和人的全面发展能力。提高公共服务质量和水平，加快补齐基本公共服务短板，着力增强非基本公共服务弱项；实施就业优先战略，扩大就业容量，提升就业质量；加快健全覆盖全民、统筹城乡、公平统一、可持续的多层次社会保障体系；提高劳动报酬在初次分配中的比重，持续提高低收入群体收入，扩大中等收入群体，更加积极有为地促进共同富裕。发展社会主义先进文化，推进社会主义文化强国建设，传承弘扬中华优秀传统文化；推进城乡公共文化服务体系一体建设，加强对外文化交流和多层次文明对话，提升中华文化影响力；扩大优质文化产品供给，推动文化和旅游融合发展，健全现代文化产业体系和市场体系。

8. 统筹发展和安全，建设更高水平的平安中国

安全是发展的前提，发展是安全的保障。当前和今后一个时期是各类矛盾和风险易发期，必须强化底线思维，有效防范化解各类风险挑战。"十四五"规划首次设立安全发展专篇，强调要坚持总体国家安全观，实施国家安全战略，把安全发展贯穿国家发展各领域和全过程，加强国家安全体系和能力建设，筑牢国家安全屏障。强化国家经济安全保障，强化经济安全风险预警、防控机制和能力建设，实现重要产业、基础设施、战略资源、重大科技等关键领域安全可控；实施粮食安全战略，抓住土地和良种两个关键，深入实施藏粮于地、藏粮于技战略，开展种源"卡脖子"技术攻关，确保口粮绝对安全、谷物基本自给、重要农副产品供应充足；实施能源资源安全战略，坚持立足国内、补齐短板、多元保障、强化储备，完善产供储销体系，增强能源持续稳定供应和风险管控能力；实施金融安全战略，守住不发生系统风险的底线。全面提高公共安全保障能力，坚持人民至上、生命至上，健全公共安全体制机制，保障人民生命安全；完善和落实安全生产责任制，加强食品药品全链条安全监管，建立健全生物安全风险防控和治理体系；优化国家应急管理能力体系建设，提高防灾减灾抗灾救灾能力。维护社会稳定和安全，正确处理新形势下人民内部矛盾，编织全方位、立体化、智能化社会安全网；坚持和发展新时代"枫桥经验"，健全社会矛盾综合治理机制，推进社会治安防控体系现代化。

同时，"十四五"规划还包括国防和军队建设、民主法治等方面内容，并部署了引领未来的重大攻关项目、基础设施领域的世界级标志性工程、重要民生保障项目等 102 项重大工程项目，按照"项目跟着规划走、资金要素跟着项目走"的要求，推动这些重大工程项目落地见效，确保规划实施取得成效。

蓝图已经绘就，关键是狠抓贯彻落实。实施好"十四五"规划，必须加强党的全面领导，不断提高政治判断力、政治领悟力、政治执行力，把党的领导贯穿到规划实施的各领域和全过程，把完善党和国家监督体系融入规划实施之中，完善上下贯通、执行有力的组织体系，健全激励导向的绩效评价考核机制和尽职免责机制，调动广大干部特别是基层干部的积极性、主动性、创造性。必须健全统一规划体系，加快建立健全以"十四五"规划为统领，以空间规划为基础，以专项规划、区域规划为支撑，由国家、省、市县级规划共同组成，定位准确、边界清晰、功能互补、统一衔接的国家规划体系。必须完善规划实施机制，加强规划实施监测评估，开展规划实施情况动态监测、中期评估和总结评估，构建规划定方向、财政作保障、金融为支撑、其他政策相协调的政策协同保障机制，确保党中央关于"十四五"时期发展的重大决策部署落到实处。

第八章

奋力实现
2035 年远景目标

党的十九届五中全会通过的《建议》，高举中国特色社会主义伟大旗帜，深入贯彻党的十九大和十九届二中、三中、四中全会精神，坚持以马克思列宁主义、毛泽东思想、邓小平理论、"三个代表"重要思想、科学发展观、习近平新时代中国特色社会主义思想为指导，对我国全面建成小康社会、实现第一个百年奋斗目标之后，乘势而上开启全面建设社会主义现代化国家新征程、向第二个百年奋斗目标进军作出战略部署。《建议》描绘的到 2035 年基本实现社会主义现代化远景目标，立足现实、与时俱进，鼓舞人心、切实可行，对于团结动员全党全国各族人民万众一心为全面建设社会主义现代化国家而奋斗具有重大意义。

一、2035 年远景目标的科学内涵

在我国历次五年国民经济和社会发展规划中，首次将远景目标纳入标题之中，意味着此次规划纲要中到 2035 年的远景目标极为重要。我们要准确把握新时代中国特色社会主义发展的战略安排，深刻领会到 2035 年基本实现社会主义现代化远景目标的科学内涵，以此进一步理解 2035 年远景目标的逻辑。

（一）准确把握新时代中国特色社会主义发展的战略安排

习近平总书记指出，从全面建成小康社会到基本实现现代化，再到全面建成社会主义现代化强国，是新时代中国特色社会主义发展的战略安排。新时代"两步走"战略安排，明确了到本世纪中叶把我国建成富强民主文明和谐美丽的社会主义现代化强国的时间表、路线图，确立了党和国家事业长远发展的宏伟目标，进一步展现了实现中华民族伟大复兴中国梦的光明前景。

1. 到 2035 年基本实现社会主义现代化是党和国家在新时代"两步走"战略安排的关键一步

新中国成立以后，我们党对社会主义现代化建设进行了艰辛探索。在 20 世纪 80 年代末和 20 世纪末这两个时间节点上，我们先后实现了解决人民温饱问题、人民生活总体上达到小康水平的发展目标。在这个基础上，我们党高瞻远瞩地提出，到中国共产党成立一百年时全面建成小康社会，然后再奋斗 30 年，到新中国成立一百年时，基本实现现代化，把我国建成社会主义现代化国家。党的十九大站在新的历史起点上，综合分析国际国内形势和我国发展条件，对新时代推进社会主义现代化建设作出新的顶层设计，并对实现第二个百年奋斗目标作出分两个阶段推进的战略安排，即到 2035 年基本实现社会主义现代化，到本世纪中叶把我国建成富强民主文明和谐美丽的社会主义现代化强国。这既体现历史发展延续性又符合实践发展新要求的动员令，向全党全国人民发出了实现中华民族伟大复兴中国梦的时代最强音。到 2035 年基本实现社会主义现代化，是我国全面建成小康社会、实现第一个百年奋斗目标之后，向第二个百年奋斗目标进军的关键一步，是"十四五"以至未来 15 年引领我国发展的总目标，具有十分重要和深远的战略意义。

2. 全面建成小康社会为开启全面建设社会主义现代化国家新征程奠定了坚实基础

党的十八大以来，以习近平同志为核心的党中央提出全面建成小康社会新的目标要求，团结带领全党全国各族人民持续奋斗，奋发有为推进党和国家各项事业。特别是"十三五"时期决胜全面建成小康社会取得决定性成就，我国经济实力、科技实力、综合国力跃上新的大台阶，2020 年国内生产总值突破 100 万亿元，5575 万农村贫困人口实现脱贫，生态环境明显改善，全面深化改革取得重大突破，对外开放持续扩大，人民生活水平显著提高，"十三五"时期城镇新增就业超过 6000 万人，建成世界上规模最大的社会保障体系，国防和军队建设水平大幅提升，社会保持和谐稳定。全面建成小康社会顺利实现，中华民族伟大复兴向前迈出了新的一大步，社会主义中国以更加雄伟的身姿屹立于世界东方。到 2035 年基本实现社会主义现代化，并为到本世纪中叶把我国建成社会主义现代化强国奠定坚实基础，这一战略安排充分考虑了我国发展的巨大潜力，是实事求是、符合实际的。在以习近平同志为核心的党中央坚强领导下，充分发挥中国特色社会主义制度的显著优势，我们有信心有能力保持稳中求进、稳中向好的发展态势，努力实现更高质量、更有效率、更加公平、更可持续、更为安全的发展，蹄疾步稳实现党和国家奋斗目标。

3. 以辩证思维看待全面建设社会主义现代化国家面临的新机遇新挑战

进入新发展阶段，国内外环境的深刻变化既带来一系列新机遇，也带来一系列新挑战。从国际看，当今世界正经历百年未有之大变局，新一轮科技革命和产业变革深入发展，人类命运共同体理念深入人心。同时国际环境日趋复杂，不稳定性不确定性明显增加，新冠疫情影响广泛深远，经济全球化遭遇逆流，国际经济政治格局复杂多变，世界进入动荡变革期，单边主义、保护主义、霸权主义对世界和平与发展构成威胁。从国内看，我国已转向高质量发展阶段，制度优势显著，治理效能提升，经济长期向好，物质基础雄厚，人力资源丰厚，市场空间广阔，发展韧性强劲，社会大局稳定，继续发展具有多方面优势和条件。同时我国发展不平衡不充分问题仍然突出，重点领域关键环节改革任务仍然艰巨，特别是创新能力不适应高质量发展要求，关键核心技术受制于人的局面没有得到根本性改变，多个领域如高端芯片、基础元器件等存在"卡脖子"问题，在科技发展面临外部打压和遏制加剧的形势下，亟待加快自主创新步伐。当前和今后一个时期，我国发展仍然处于重要战略机遇期。我们要辩证认识和把握国内外大势，增强机遇意识和风险意识，善于在危机中育先机、于变局中开新局，加快构建以国内大循环为主体、国内国际双循环相互促进的新发展格局，推进国家治理体系和治理能力现代化，坚定朝着 2035 年基本实现社会主义现代化和到本世纪中叶把我国建成社会主义现代化强国的宏伟目标不断前进。

（二）深刻领会到 2035 年基本实现社会主义现代化远景目标的科学内涵

党的十九大在对实现第二个百年奋斗目标作出"两步走"战略安排时，

对两个阶段发展目标分别进行了展望并提出要求。《建议》展望 2035 年，进一步从九个方面明确了基本实现社会主义现代化远景目标，丰富了目标内涵，提出了新的更高要求。制定这些目标，既充分考虑了我国继续发展具有多方面优势和有利条件，也充分考虑了各种风险和挑战，因而实现这些目标是有基础、有条件、有把握的。

1. 我国经济实力、科技实力、综合国力将大幅跃升，经济总量和城乡居民人均收入将再迈上新的大台阶，关键核心技术实现重大突破，进入创新型国家前列

《建议》重申发展是解决我国一切问题的基础和关键，同时强调发展必须是高质量发展。从 2020 年到 2035 年，我国经济将保持持续稳定健康发展，经济总量再迈上新的大台阶，实现经济发展从数量和规模扩张向质量和效益提升的根本转变，加快从经济大国迈向经济强国。在经济增长的同时实现居民收入同步增长、在劳动生产率提高的同时实现劳动报酬同步提高，城乡居民人均收入也将再迈上新的大台阶。作为引领发展的第一动力，创新在现代化建设全局中居于核心地位。我们将深入实施创新驱动发展战略，坚持走中国特色自主创新道路，在关键共性技术、前沿引领技术、现代工程技术、颠覆性技术创新等方面取得重大突破，实现关键核心技术自主可控，进入创新型国家前列，把发展主动权牢牢掌握在自己手中。经过未来 15 年的奋斗，我国经济实力、科技实力、综合国力将大幅跃升，社会生产力、国际竞争力、国际影响力将再迈上新的大台阶。

2. 基本实现新型工业化、信息化、城镇化、农业现代化，建成现代化经济体系

我国实现社会主义现代化，"新四化"的同步发展是基本路径，也是重要目标。我们将持续推动新型工业化、信息化、城镇化、农业现代化同步发展，到 2035 年基本实现"新四化"。从制造大国迈向制造强国，形成若干世界级先进制造业集群，产业链供应链现代化水平大幅提升。互联网、大数据、人工智能和实体经济深度融合，形成一批具有国际竞争力的数字产业集群，公共服务、社会治理等领域数字化智能化水平也将大幅提升。以城市群为主体、大中小城市和小城镇协调发展的城镇化格局基本形成，城市品质明显提升，人口城镇化率提高到新水平，以人为核心的新型城镇化基本实现。补齐"新四化"同步发展的短板，将使乡村全面振兴取得决定性进展，农业农村现代化基本实现。建成现代化经济体系，转变发展方式、优化经济结构、转换增长动力实现重大突破，制造强国、质量强国、网络强国、数字中国建设取得明显成效，实现产业基础高级化、产业链现代化，实体经济与金融、房地产均衡发展，全要素生产率明显提高，经济质量效益和核心竞争力显著增强。

3. 基本实现国家治理体系和治理能力现代化，人民平等参与、平等发展权利得到充分保障，基本建成法治国家、法治政府、法治社会

党的十九大明确提出，到 2035 年我国制度建设和治理能力建设的目标是，"各方面制度更加完善，国家治理体系和治理能力现代化基本实现"。党的十九届四中全会对坚持和完善中国特色社会主义制度、推进国家治理体系和治理能力现代化作出了全面部署。实现 2035 年制度建设和治理能力建设目标，支撑中国特色社会主义制度的根本制度、基本制度、重要制度等各方面制度都将更加完善。人民当家作主制度体系更加健全，人民民主更加充分发展，人民平等参与、平等发展权利得到充分保障，人民积极性、主动性、创造性进一步发挥。建设法治国家、法治政府、法治社会，是制度建设和治理能力建设的重要内容。到 2035 年基本建成法治国家、法治政府、法治社会，我国依法治国将得到全面落实，形成完备的法律规范体系、高效的法治实施体系、严密的法治监督体系、有力的法治保障体系，形成科学立法、严格执法、公正司法、全民守法的良好格局。

4. 建成文化强国、教育强国、人才强国、体育强国、健康中国，国民素质和社会文明程度达到新高度，国家文化软实力显著增强

党的十八大以来，党中央对建设文化强国、教育强国、人才强国、体育强国、健康中国作出一系列重大战略部署。《建议》在此基础上，明确提出到 2035 年"建成文化强国、教育强国、人才强国、体育强国、健康中国"，丰富了基本实现社会主义现代化远景目标内涵。建成社会主义文化强国，我们将坚持马克思主义在意识形态领域的指导地位，培育和践行社会主义核心价值观，加强思想道德建设，加强爱国主义、集体主义、社会主义教育，使全体人民的文化自信、文化自觉和文化凝聚力显著提高，国家文化软实力明显增强，中华文化影响力进一步提升。建成文化强国、教育强国、人才强国、体育强国、健康中国，我国将总体实现教育现代化，成为学习大国、人力资源强国，国民思想道德素质、科学文化素质明显提高，社会文明程度达到新高度，人民身体素养和健康水平、体育综合实力和国际影响力居于世界前列，建成与社会主义现代化国家相适应的健康国家。

5. 广泛形成绿色生产生活方式，碳排放达峰后稳中有降，生态环境根本好转，美丽中国建设目标基本实现

我们要建设的现代化是人与自然和谐共生的现代化。到 2035 年基本实现美丽中国建设目标，我国将广泛形成绿色生产生活方式，清洁低碳、安全高效的能源体系和绿色低碳循环发展的经济体系基本建立，能源、水等资源利用效率达到国际先进水平。生态环境质量实现根本好转，大气、水、土壤等环境状况明显改观，生态安全屏障体系基本建立，生产空间安全高效、生活空间舒适宜居、生态空间山青水碧的国土开发格局形成，森林、河湖、湿地、草原、海洋等自然生态系统质量和稳定性明显改善。碳排放总量在 2030 年前达到峰值后稳中有降，在应对全球气候变化中发挥更加重要作用。

6. 形成对外开放新格局，参与国际经济合作和竞争新优势明显增强

中国开放的大门不会关闭，只会越开越大。我们将坚定不移实施对外开放基本国策，奉行互利共赢的开放战略，遵守和维护世界贸易规则体系，推动经济全球化朝着更加开放、包容、普惠、平衡、共赢的方向发展。我国对外开放水平将全面提高，建设更高水平开放型经济新体制取得新的重大进展，共建"一带一路"走深走实，形成对外开放新格局，参与国际经济合作和竞争新优势明显增强。由贸易大国迈向贸易强国，贸易结构更加优化。实行高水平贸易和投资自由化便利化政策，完善外商投资准入前国民待遇加负面清单管理制度，大幅放宽市场准入，市场化、法治化、国际化营商环境更加完善。创新对外投资方式，促进国际产能合作，形成面向全球的贸易、投融资、生产、服务网络。自由贸易试验区、自由贸易港等对外开放高地实现高质量发展。

7. 人均国内生产总值达到中等发达国家水平，中等收入群体显著扩大，基本公共服务实现均等化，城乡区域发展差距和居民生活水平差距显著缩小

到 2035 年人均国内生产总值达到中等发达国家水平，意味着我国将成功跨越中等收入阶段，并在高收入阶段继续向前迈进一大步。我国中等收入群体将显著扩大，形成橄榄型分配格局，为经济社会持续健康发展提供有力支撑。基本公共服务实现均等化，现代化水平不断提升，确保基本公共服务覆盖全民、兜住底线、均等享有。城乡融合发展体制机制更加完善，区域发展的协同性整体性明显增强，城乡区域发展差距和居民生活水平差距显著缩小。

8. 平安中国建设达到更高水平，基本实现国防和军队现代化

社会治理是国家治理的重要方面。党的十九大提出，建设平安中国，加强和创新社会治理，维护社会和谐稳定，确保国家长治久安、人民安居乐业。到 2035 年平安中国建设达到更高水平，我国党委领导、政府负责、民主协商、社会协同、公众参与、法治保障、科技支撑的社会治理体系将更加完善，社会治理能力明显提升，完善共建共治共享的社会治理制度，确保人民安居乐业、社会安定有序。党的十九大对全面推进国防和军队现代化作出了战略安排，提出力争到 2035 年基本实现国防和军队现代化，到本世纪中叶把人民军队全面建成世界一流军队。我们将坚持政治建军、改革强军、科技强军、人才强军、依法治军，全面推进军事理论、军队组织形态、军事人员、武器装备现代化，加快机械化信息化智能化融合发展，全面加强练兵备战，确保实现国防和军队现代化目标任务。

9. 人民生活更加美好，人的全面发展、全体人民共同富裕取得更为明显的实质性进展

进入新时代，我们走上了创造美好生活、逐步实现全体人民共同富裕的新征程。到 2035 年人民生活将更加美好、更加幸福，有更好的教育、更稳定的工作、更满意的收入、更可靠的社会保障、更高水平的医疗服务、更舒适的居住条件、更优美的环境、更丰富的精神文化生活。共同富裕是中国特色社会主义的根本原则，实现共同富裕是我们党的重要使命。我们将在不断发展的基础上把促进社会公平正义的事情做好，把不断做大的"蛋糕"分好，让改革发展成果更多更公平惠及全体人民，促进人的全面发展，朝着实现全体人民共同富裕迈出坚实步伐。

二、2035 年远景目标的逻辑体系

党的十八大报告提出了"两个一百年"奋斗目标，即在中国共产党成立一百年时全面建成小康社会，在新中国成立一百年时建成富强民主文明和谐的社会主义现代化强国。党的十九大报告进一步明确了"两个一百年"战略目标，提出从 2020 年到 2035 年，在全面建成小康社会的基础上再奋斗 15 年，基本实现社会主义现代化，在新中国成立一百年时建成富强民主文明和谐美丽的社会主义现代化强国。从"富强民主文明和谐"到"富强民主文明和谐美丽"，不仅回应了人民对美好生活向往的现实关切，而且凸显了生态现代化建设的重要性，进一步从经济、政治、文化、社会、生态等领域明确了现代化的目标和方向。

（一）经济现代化

习近平总书记指出，国家强，经济体系必须强，这要求我们必须顺应现代化发展潮流和赢得国际竞争主动权，加快构建以国内大循环为主体、国内国际双循环相互促进的新发展格局。这是我国经济现代化发展的路径选择，因为只有经济现代化实现得好，才能为其他领域的现代化提供有力支撑。"我们要按照建设社会主义现代化强国的要求，加快建设现代化经济体系，确保社会主义现代化强国目标如期实现。"[①] 经济现代化是经济发展的自然呈现，而经济发展离不开先进生产力。发展先进生产力是实现现代化的根本推动力量，这既有着理论的依据，又有着历史的佐证。现代化的基本内核是发展先进生产力，而生产力系统的先进性主要体现在生产力要素的先进性、结构的先进性、环境的先进性，最终表现为功能的先进性。综合马克思主义经济学与现

---

① 《习近平谈治国理政》第三卷，外文出版社 2020 年版，第 240 页。

代主流经济学的观点，经济现代化标准涵盖宏观、中观、微观三个层次，其中宏观标准的主要代理指标为社会物质生产的发展，中观标准的主要代理指标为经济结构的变革，微观标准的主要代理指标为人民生活的改善。回顾历史可以发现，从宏观标准对应的经济总量来看，1978 年我国的经济规模仅为 3679 亿元人民币，到 2022 年我国国内生产总值已经突破 121 万亿元人民币；从中观标准对应的经济结构来看，改革开放以来我国的产业结构不断完善，2022 年第三产业增加值已占国内生产总值的 53.4%，同时，1978 年我国的对外贸易世界排名仅为第 32 位，而到 2013 年我国已发展成为世界第一大贸易国，2022 年我国的货物贸易已连续 6 年稳居世界第一；从微观标准对应的人民生活改善来看，我国人均 GDP 已从 1978 年的不足 400 元人民币提升至 2022 年的 8.57 万元人民币。为此，客观科学地评价中国经济现代化，必然要从宏观标准、中观标准和微观标准出发，也只有同时达到这三个层面的标准，才是真正意义上实现了经济现代化。

（二）政治现代化

我国是人民民主专政的社会主义国家，我国的国体和政体从本质上保证了人民至上，人民享有广泛的民主权利。政治上的现代化可以从以下三个方面来阐述。

一是基本建成法治国家、法治政府、法治社会。法治建设是 2035 年基本实现社会主义现代化的特征与方向，也是各方面制度能够更加完善的保证。"有法可依、有法必依、执法必严、违法必究"的 16 字方针可以充分保障人民平等参与国家政治生活及平等发展的权利。习近平总书记结合中国实际，从历史和现实、国际和国内相贯通角度创造性地提出了全面依法治国的方略。建设中国特色社会主义法治体系、建设社会主义法治国家，既是全面依法治国的总目标，又是政治现代化的明确指向。

二是实现党的建设现代化。我们是坚持中国共产党领导的社会主义国家，党的建设也要跟上现代化建设的步伐。党的建设现代化不仅是政治现代化建设中不可或缺的重要内容，而且是衡量一个国家、一个社会现代化发展水平的重要标志，同时也是实现中国特色社会主义现代化的根本保障。党的建设现代化内涵丰富，可以从党的现代化、推进党建方式从传统到现代转型、实现执政理念和执政方式的现代演进以及处理好党和国家、党与政府、党与人民的关系等多个方面来进行综合衡量。党的建设现代化作为衡量政治现代化的一个重要标准，发挥着至关重要的作用。

三是实现国家治理体系与治理能力现代化。"国家治理体系是在党领导下管理国家的制度体系"①，因此国家治理与党的领导是一个问题的两个方面，两者密不可分。国家治理体系是一整套紧密相连、相互协调的国家制度，包括经济、政治、文化、社会、生态和党的建设等各领域的体制机制、法律法规等。国家治理体系和治理能力现代化是中国现代化的一个全新维度，是衡量政治现代化的核心要素和重要标准。

（三）文化现代化

文化是一个民族的灵魂，是衡量民族生命力的重要指标。文化现代化包括文明层面、知识层面和政治层面的现代化。在我国，文明层面的文化现代化是指文化具有广泛的影响力，社会主义文化能够对世界文化形成广泛、积极的影响。知识层面的文化现代化是指文化的大众性、普遍性，具体包括一个国家国民的文化素养、科学知识水平以及民主、法治意识等。政治层面的文化现代化是指坚持社会主义文化的方向性，以马克思主义为指导，坚持社会主义核心价值观等。文化现代化是整个社会主义现代化建设中最核心、最重要的方面，与经济、政治、社会、生态等其他方面的现代化存在着不可分割的紧密联系。一是社会文明程度的提高。公民文化素养、道德水平、法律意识、受教育程度等的提高是推动社会文明进步的重要标志，蕴含着丰富的马克思主义理论逻辑，贯穿于中华民族砥砺奋斗的全过程，因此也就成为社会文明程度的重要衡量标准。二是文化软实力的加强。国家实力包括经济、科技、军事等方面的硬实力，还包括文化、价值观念、社会制度、发展模式

_____

① 《习近平关于协调推进"四个全面"战略布局论述摘编》，中央文献出版社 2015 年版，第 65 页。

等方面的软实力。文化软实力是一个由制度、规范、价值观念等多种元素组成的有机系统，是一个国家或地区基于文化而具有的凝聚力、生命力、创新力和传播力，以及由此而产生的感召力和影响力。按照来源，文化软实力可划分为由浅入深的三个层次，其中最浅层的是器物和行为层面的文化软实力，中间层是制度和规范层面的文化软实力，最深层的是价值理念、思想观念转化层面的文化软实力。社会主义核心价值观是我国文化软实力的灵魂，是决定文化性质和方向的最深层次要素，而国民素质、文化服务业以及文化产业等的国际影响力与感召力也是衡量文化软实力非常重要的方面。

（四）社会现代化

社会现代化重点涉及民生问题的现代化，包括收入分配、就业保障、医疗保障、安全生产、养老、公共卫生、教育等诸多方面。民生是最大的政治。民生问题与老百姓的生活息息相关，民生问题解决不好不仅影响和谐社会的构建，也将影响社会主义现代化远景目标的实现。目前我国脱贫攻坚战已取得决定性胜利，中等收入群体增多，人民生活幸福，社会和谐稳定，在此基础上进一步推进"学有所教、劳有所得、病有所医、老有所养、住有所居、幼有所育、弱有所扶"的民生工程，将是实现社会现代化的重点。习近平总书记特别指出要推进社会治理现代化，说明了社会治理能力与社会治理体系作为建设社会主义现代化的重要方略在实现社会主义现代化中的重要性。社会治理能力与治理水平的显著提高，将会促进现代社会治理格局基本形成、社会充满活力又和谐有序，因此也必然成为衡量社会现代化的重要指标。

（五）生态现代化

生态文明关系人民福祉，关乎民族未来。生态现代化是我国生态文明建设的现实选择，是生态文明建设由可持续向现代化的转变。我们要建设的现代化是人与自然和谐共生的现代化，而不是只有人的现代化。在现代化发展过程中，生态环境与区域人口是否能够共生协调，人口数量的增长是否符合人口生态规律，是衡量人与自然能否实现和谐共生的必要条件。从这个角度来看，我们的生态文明建设不是机械强调绝对意义上的环境保护，而是要将人与自然看作一个生命共同体，抛弃过去的人类中心主义，改变过往不可持续地对大自然进行掠夺、攫取的生产生活方式，强调人与自然平等和谐的动态平衡关系。生态现代化并非只追求经济发展而忽视生态环境保护，而是强调经济发展与环境保护的协调共进，是对"绿水青山就是金山银山"的完美阐释。实现生态现代化的美好愿景，要求当前我们的生态文明建设要正确处理经济发展与环境保护的关系，即通过实行一系列有利于生态系统发展的政策，提倡绿色、开放、可持续的发展理念，走绿色发展之路，实现生态系统的良性运行以及社会的全面、协调、可持续发展。

三、实现 2035 年远景目标的战略举措

实现 2035 年远景目标的关键在于全面建设社会主义现代化国家，这事关中国特色社会主义的前途和命运，事关中华民族伟大复兴中国梦的实现。我们要以习近平新时代中国特色社会主义思想为指导，在以习近平同志为核心的党中央坚强领导下，根据全面建设社会主义现代化国家的时代内涵和鲜明特征，从总体上、全局上把握实现 2035 年远景目标的实现路径，咬定青山不放松，真抓实干、善作善成，为实现 2035 年远景目标而不懈奋斗。

（一）以习近平新时代中国特色社会主义思想为指导

习近平新时代中国特色社会主义思想与马克思列宁主义、毛泽东思想、邓小平理论、"三个代表"重要思想、科学发展观一脉相承，接续发展，是当代马克思主义中国化的最新成果，是新的历史起点上坚持和发展中国特色社会主义的根本指南，是指引当代中国一切发展进步的强大思想武器，是全党全国人民为实现中华民族伟大复兴而奋斗的行动指南。习近平治国理政思想把马克思主义基本理论与中国现代化具体实践相结合，开辟了马克思主义现代化理论的新境界。习近平总书记指出，中国特色社会主义事业不是敲锣打鼓得来的，而是通过撸起袖子加油干出来的。实干才能幸福，劳动才能收获，

务实才能圆梦。这就需要千千万万优秀中华儿女团结起来，在习近平新时代中国特色社会主义思想指导下，按照中国特色社会主义现代化发展的新路径，不断夺取一个又一个的伟大胜利，努力把中国建设成富强民主文明和谐美丽的社会主义现代化强国。

（二）以中国特色社会主义理想信念和四个自信为内在根基

全面建设社会主义现代化国家的根本前提，就是要以中国特色社会主义理想信念和四个自信为内在根基。中国特色社会主义理想信念是全面建设社会主义现代化国家的精神之基。一个国家，一个民族，任何时候任何情况下都要同心同德向前迈进，必须有共同的理想信念作为支撑。一方面，要通过培育和践行社会主义核心价值体系和社会主义核心价值观，教育和引导人民树立正确的世界观、人生观和价值观。要通过中国特色社会主义宣传教育，弘扬主旋律，坚持理想信念，牢固树立中国特色社会主义共同理想和共产主义远大理想。另一方面，要始终坚定"四个自信"。文化自信是最深层次的自信。要大力传承中华优秀传统文化、革命文化和社会主义先进文化，为全面建设社会主义现代化国家提供丰富的精神源泉和强大的内在动力。人民有信仰，民族有希望，国家有力量，中华民族伟大复兴的中国梦才能实现。

（三）以"五位一体"总体布局和"四个全面"战略布局为统领

全面建设社会主义现代化国家要以"五位一体"总体布局和"四个全面"战略布局为统领。两大布局在含义功能、生成路径、布局本身、现代化指向等方面既有区分，又是内在的统一体。"五位一体"总体布局构筑了全面建设社会主义现代化国家的总体框架，有效解决了现代化建设中面临的总体性、全面性、结构性问题。"五位一体"的现代化是随着党和国家关于社会主义现代化认识的加深而逐步深化的。从两个文明一起抓，到经济建设、政治建设、文化建设"三位一体"，到经济建设、政治建设、文化建设、社会建设"四位一体"，再到党的十八大提出的经济建设、政治建设、文化建设、社会建设、生态文明建设"五位一体"，我们党对中国特色社会主义事业发展的把握越来越精准，其领域和覆盖的范围越来越全面，这就使得系统全面的现代化越来越具有更加丰富的时代内涵和实践特质。"四个全面"战略布局提出了全面建设社会主义现代化国家的大政方针，有效化解了现代化建设中面临的突出性、关键性问题。"四个全面"明确了社会主义现代化建设的重点，牢牢抓住了治国理政的"牛鼻子"，突出了攻坚克难的方向，为实现新时代的强国梦想提供了目标指向、动力支持、重要保障。

（四）以满足人民对美好生活的向往为奋斗目标

习近平总书记多次强调，人民对美好生活的向往就是党的奋斗目标，这清晰表明了社会主义现代化是人民至上的现代化。要以满足人民对美好生活的向往为奋斗目标，不断解决发展的不平衡不充分问题，满足人民不断增长的美好生活需要，走共同富裕的道路。要贯彻新发展理念，不断通过深化供给侧结构性改革，进一步解放和发展生产力，进而提高供给体系质量和效率。要以保障和提高民生水平为切入点，抓住人民关心的民生问题，包括优先发展教育事业、提高就业质量和收入水平、加强社会保障体系和公共卫生体系建设、巩固脱贫攻坚成果、实施健康中国战略等。要加强和创新社会治理，健全和完善社会治理的体制机制，形成共建共治共享的新型社会治理格局。

（五）以中国特色社会主义制度为根本保障

坚持和完善中国特色社会主义制度，是推进国家治理体系和治理能力现代化的根本保障。要坚持和完善中国特色社会主义制度。中国特色社会主义制度是党在长期实践探索中形成的科学制度体系，包括一系列的根本制度、基本制度和重要制度，为全面建设社会主义现代化强国提供了坚强保障。要坚持"中国之治"，推进国家治理体系和治理能力现代化。"中国之治"的核心是坚持党的全面领导，这是"中国之治"的最大政治优势，也是推进治理体系和治理能力现代化的最根本保障。"中国之治"的现代化之路与西方现代化之路大相径庭，凸显了中国特色，展现了鲜明的制度和治理优势，为世界上后发国家走上现代化之路提供了中国样板。